VERMISST-RATGEBER

Bibliografische Information der Deutschen Nationalbibliothek:
Die Deutsche Nationalbibliothek verzeichnet diese Publikation in der Deutschen Nationalbibliografie;
detaillierte bibliografische Daten sind im Internet über
http://dnb.ddb.de abrufbar.

1. Auflage März 2015
MAGENTA VERLAG, Krefeld, www.magenta-verlag.de

Titel-Illustration: Cornelius Rinne, Bielefeld
Redaktion: JAMIN autor, www.jamin.de
Druck und Verarbeitung: CPI, www.cpibooks.de

ISBN 978-3-944299-06-8

PETER JAMIN

VERMISST RATGEBER

Für Angehörige, Freunde und Kollegen

MAGENTA VERLAG

Für persönliche Notizen

Dieses Buch bietet einen umfassenden Überblick darüber, was Angehörige von Vermissten beachten sollten bei der Suche nach einem Vermissten und wie sie die Vermisst-Situation organisieren können. Es hilft, sich Notizen dazu zu machen, welche Schritte Sie eventuell als nächstes machen möchten. Auf dieser Seite ist Raum für Ihre persönlichen Notizen.

Inhalt

Stichwortverzeichnis

Vorwort: Hilfe zur Selbsthilfe

Liebe Leserin, lieber Leser.

"Niemand hilft mir! Was kann ich tun?"
Hilferufe wie diesen habe ich in den vergangenen 20 Jahren tausendfach gehört. Denn Deutschland lässt seine Angehörigen von Vermissten mit ihren Problemen allein. Jährlich werden bei der Polizei mehr als 100.000 Menschen als vermisst registriert, zurück bleiben mehr als 500.000 Angehörige und darüber hinaus Freunde, Bekannte und Arbeitskollegen, die sich Sorgen um die Verschwundenen machen.
Für Sie, Ehefrauen und Ehemänner, Lebenspartnerinnen und Lebenspartner, Väter und Mütter, Söhne und Töchter, Großmütter und Großväter, Schwiegermütter und Schwiegerväter von vermissten Menschen, habe ich diesen "Vermisst-Ratgeber" geschrieben. Es gibt viele Behörden, die den Bürgern bei ihren Problemen helfen. Doch wenn es um Ihre Sorgen und Schwierigkeiten geht, ist das anders. Die ganze Verantwortung wird auf die Polizei abgeladen. Wo immer ich auch in Städten und Gemeinden, in den Bundesländern oder bei Bundesministerien recherchiert habe, immer heißt es: Die Polizei ist zuständig. Aber die Polizei ist kein Reparaturbetrieb unserer Gesellschaft. Die Polizei ist personell und mangels entsprechender Ausbildung diesen Problemen nicht gewachsen.

Ich habe diesen Vermisst-Ratgeber geschrieben, um den Angehörigen wenigstens Hilfe zur Selbsthilfe zu bieten. Die Tipps im Kapitel "Vermisst-Hilfe von A bis Z" sind nach Stichworten geordnet, ergänzt werden sie durch das Kapitel "Adressen von Helfern" bei speziellen Problemen.
In diesen Ratgeber sind die Erfahrungen von mehr als 20 Jahren Beratung von Angehörigen an meinem Vermissten-Telefon eingeflossen. Mehr als 2.000 Fälle. Mehr als 2.000 Schicksale. Mehr als 2.000 Hilferufe.
Am Ende dieses Buches gehe ich in einem Essay auf die aktuelle Situation der Vermissten und ihrer Angehörigen in unserer Gesellschaft ein. Es ist eine Bilanz unter dem Titel "Die vermisste Gesellschaft".

Ich wünsche Ihnen viel Kraft dazu, Ihr Leben zu meistern.

Peter Jamin

Top-Tipps für Sofortmaßnahmen

In diesem Ratgeber geht es nur um die Suche nach Vermissten und vor allem darum, wie Angehörige mit ihrer ungewohnten Situation fertig werden können. Hier findet man zum Einstieg die Top-Tipps: Erste-Hilfe im Vermissten-Fall.

1. Ruhe bewahren

Die meisten Vermisstenfälle klären sich sehr schnell. Viele in den ersten Stunden. Von vielen erfährt nicht einmal die Polizei. Wenn Sie plötzlich eine erwachsene Person vermissen, bleiben Sie ruhig. Menschen werden durch Freunde aufgehalten nach Hause zu gehen, manche vergessen die Zeit, trödeln herum. Andere sind sich der Sorgen, die sich Angehörige machen, nicht bewusst.
Ich selbst bin als 15-Jähriger einmal nachts nicht nach Hause gekommen. Beim Besuch einer Freundin, die eine sturmfreie Wohnung hatte, habe ich die Gelegenheit zu einem ausgedehnten Gespräch und einem heftigen Flirt genutzt. Der Ärger zuhause am nächsten Morgen war groß.
Grundsätzlich sollten Sie sich sowohl bei Kindern und Jugendlichen wie auch bei Erwachsenen fragen: Gibt es Hinweise darauf, dass der Person etwas passiert sein könnte oder dass sie sich selbst etwas angetan hat? Befindet sich der oder die Vermisste in einer psychischen Krise? Gibt es Gefahrenstellen etwa auf dem Heimweg (dunkle Parks, Industriebrachen, schlecht beleuchtete Straßen)?

Dann handeln Sie: Suchen Sie, schalten Sie die Polizei ein.

2. Polizei einschalten

Ein Angehöriger ist verschwunden? Dann ist das ein Fall für die Polizei. Es gibt keine festen Regeln, wann man die Polizei einschalten oder wann man sich selbst auf die Suche machen sollte – außer im Gefahrenfall. Ich persönlich würde ein Kleinkind sofort bei der Polizei als vermisst melden, einen Jugendlichen mit Disko-Erfahrung spätestens am nächsten Morgen. Bei einem gesunden Erwachsenen halte ich einen Zeitraum von etwa 12 bis 24 Stunden für akzeptabel. Sollte eine Person aber beispielsweise Suizidgefährdet sein oder unter Demenz leiden, bitten Sie unverzüglich die Polizei um Unterstützung.

Rufen Sie in besonders dringenden Fällen die bundesweit einheitliche Polizei-Notrufnummer 110 an. Schnelligkeit ist besonders wichtig beim Verschwinden kleiner Kinder etwa auf dem Heimweg von der Schule oder vom Kindergarten. Vermissen Sie eine erwachsene Person, haben Sie ruhig den Mut, an der nächsten Polizeiwache in Ihrem Stadtteil oder Ihrer Gemeinde vorbeizugehen und mit einem der diensthabenden Beamten zu sprechen. Man wird in der Regel nicht sofort eine Vermisstenanzeige, die mit einem erheblichen bürokratischen Aufwand verbunden ist, aufnehmen. Aber man wird Ihnen ein wenig Orientierungshilfe bieten.

3. Aktiv werden

Schon vor einer Vermisstenanzeige bei der Polizei – aber auch danach – kann man selbst aktiv werden: Rufen Sie bei Freunden oder Bekannten oder Arbeitskollegen der vermissten Person an und fragen, ob die etwas wissen. Oder fahren Sie zu dem Ort (Disko, Jugendtreff o.ä.), wo sich Ihr Kind zuletzt aufgehalten hat und fahren Sie die normale Heimweg-Strecke ab. Unter Umständen rufen Sie bei den Krankenhäusern im Ort an, ob sich die vermisste

Person dort etwa nach einem Unfall befindet.
Grundsätzlich müssen Sie wissen: Sie werden nicht viel Unterstützung finden, wenn Sie nicht selbst aktiv werden. Die meisten Vermisstenanzeigen landen im Computer der Polizei – und das war's. Sie müssen in der Regel selbst Hinweisen nachgehen, das Suchplakat anfertigen, mit den Medien sprechen, den veränderten Alltag organisieren.
Aus diesem Grund gibt es dieses Buch mit vielen Tipps zur Hilfe zur Selbsthilfe.

Vermisst-Hilfe von A bis Z

Einführung

Die Informationen zu dieser Vermisst-Hilfe von A bis Z mit Hinweisen und Empfehlungen sowie Fallbeispielen basieren auf eigene Erfahrungen aus mehr als 20 Jahren Beratung von Angehörigen von Vermissten. Darüber hinaus gebe ich Tipps auf Grundlage von Broschüren und Arbeitsmaterialien von Behörden, Institutionen, Organisationen und Verbänden sowie Veröffentlichungen in Medien. In Einzelfällen weise ich auf Quellen hin, soweit ich es als Hilfe für die Leserinnen und Leser für bedeutsam erachtet habe. Bitte beachten Sie auch das Kapitel Adressen. Auch dort finden Sie etliche Hinweise für Ihre Suche bzw. Hilfsangebote.

A

Abwesenheitspflegschaft

Häufiger habe ich Angehörigen zu einer Abwesenheitspflegschaft geraten. So sprach mich beispielsweise die 70 Jahre alte Mutter eines psychisch Kranken an, der ihr seinen Wohnungsschlüssel in den Briefkasten geworfen hatte und verschwunden war. In seiner Wohnung stapelten sich in den Wochen danach die Rechnungen. Er verlor seinen Arbeitsplatz. Sein Konto wurde gesperrt, als die Gehaltszahlungen ausblieben. Die Mutter, selbst nicht vermögend,

versuchte von ihrer Rente einige Schulden des Sohnes zu begleichen. Doch die Situation überforderte nicht nur ihren Geldbeutel, sondern auch ihre Psyche. Als sie mich um Rat fragte, wurde mir bald klar, dass diese Frau den zusätzlichen Anforderungen nicht gewachsen sein konnte.
Es mussten schließlich – wie in vielen Vermisstenfällen an der Tagesordnung – etliche organisatorische Entscheidungen für den abwesenden Sohn getroffen werden: Sollte die Wohnung aufgelöst werden? Wie lange sollte man versuchen, eine Krankenkasse wie auch andere Versicherungen zu bezahlen? Wie sollte man mit den Schulden umgehen?
Ich empfahl der Angehörigen, beim Amtsgericht in ihrem Ort eine Abwesenheitspflegschaft zu beantragen. Dann kümmern sich entweder ein vom Gericht beauftragter Rechtsanwalt oder ein Verwandter um die Abwicklung. Eine solche Gerichtsentscheidung wird innerhalb weniger Tage getroffen.
Das Bundesministerium der Justiz und für Verbraucherschutz veröffentlicht dazu im Internet den Paragrafen 1911 Abwesenheitspflegschaft: "(1) Ein abwesender Volljähriger, dessen Aufenthalt unbekannt ist, erhält für seine Vermögensangelegenheiten, soweit sie der Fürsorge bedürfen, einen Abwesenheitspfleger. Ein solcher Pfleger ist ihm insbesondere auch dann zu bestellen, wenn er durch Erteilung eines Auftrags oder einer Vollmacht Fürsorge getroffen hat, aber Umstände eingetreten sind, die zum Widerruf des Auftrags oder der Vollmacht Anlass geben. (2) Das Gleiche gilt von einem Abwesenden, dessen Aufenthalt bekannt, der aber an der Rückkehr und der Besorgung seiner Vermögensangelegenheiten verhindert ist."
Das Amtsgericht – Betreuungsgericht – am Wohnsitz der abwesenden Person ist zuständig. Die Aufgaben des Pflegers werden vom Gericht festgelegt. Dabei kann es sich um die Abwicklung von Bankgeschäften, Versicherungen, Wohnungen, Vermögen oder auch um

persönliche Fürsorge nach der Heimkehr des Vermissten handeln. Das zuständige Gericht hat u.a. folgende Aufgaben: Anordnung der Pflegschaft, Bestellung eines Pflegers, Aufsicht über den Pfleger, Festsetzung der Vergütung des Pflegers, Erteilung der betreuungsgerichtlichen Genehmigung zu bestimmten Rechtsgeschäften des Pfleglings.

Adressenermittlung

Die Ermittlung des Aufenthaltsortes einer vermissten Person ist für die Angehörigen selbstverständlich die wichtigste Tätigkeit. Sofern die Polizei diese Aufgabe nicht übernimmt, rate ich Ihnen zunächst über das Einwohnermeldeamt, wo der Vermisste zuletzt gemeldet war, eine Anfrage nach der aktuellen Adresse zu stellen. *Lesen Sie dazu mehr unter Adressen: Einwohnermeldeamt, Adressenermittlung.*

Angehörige

Sie fühlen sich verlassen und gleichzeitig verpflichtet, die Vermisste oder den Vermissten zu suchen und wissen nicht, was Sie tun sollen und wer Ihnen helfen könnte.
Vielleicht haben Sie Glück und können sich auf Verwandte, Freunde, Bekannte oder Arbeitskollegen verlassen, die Sie unterstützen.
Falls das so ist, verteilen Sie die Aufgaben auf mehrere Personen, um auch selbst besser mit der Situation zurechtzukommen: Wer gut organisieren kann, sollte die Suche organisieren und eine Art Projektplan machen. Wer technisch begabt ist, könnte sich um eine Vermisst-Internetseite kümmern. Wer gerne schreibt, kann Texte, Pressemitteilungen oder Briefe formulieren. Andere besorgen Unterlagen und Fakten zum Vermissten.
Besonders die nahen Angehörigen befinden sich mit dem Vermissen

einer Person von einer Stunde zur anderen in einem Strudel der Gefühle und Gedanken, der sie mitreißt, ohne einen Halt zu finden.
Man ist kaum zu einem klaren Gedanken fähig. Die Daheimgebliebenen darin zu unterstützen, zur Ruhe zu kommen, den Überblick zu gewinnen und Maßnahmen zur ergreifen, sollte Aufgabe von Freunden, Bekannten oder Arbeitskollegen sein.
Dieser Ratgeber bietet Ihnen allen ein Gerüst zum Handeln. Machen Sie sich Ihre Gedanken und vor allem eine Liste, was Sie wann tun möchten. Nehmen Sie ein Blatt Papier und schreiben Sie oben als Überschrift "Umgehend erledigen" und ein zweites Blatt mit "Später erledigen".
Sofort sollten Sie natürlich eine Vermisstenanzeige aufgeben. Aber auch der Arbeitgeber muss unter Umständen informiert, Rechnungen müssen bezahlt werden. *Lesen Sie mehr unter dem Stichwort: Gespräche.*

Anrufbeantworter

Wer beim Verschwinden einer Person noch keinen Anrufbeantworter besitzt, sollte spätestens jetzt einen einrichten. Die modernen Telefone und Router bieten in der Regel die Möglichkeit, ohne große Probleme einen Anrufbeantworter zu installieren.
Angehörige von Vermissten warten dringend auf ein Lebenszeichen. Manche trauen sich deswegen nicht aus dem Haus, weil sie Angst haben, sie könnten einen Anruf der Verschwundenen verpassen. Ein Anrufbeantworter hilft den Angehörigen aus dem Dilemma, immer das Haus hüten zu müssen. Für den Vermissten selbst bietet er auch die Chance, einen kurzen Hinweis darauf zu geben, dass er lebt, ohne direkt in ein Gespräch mit den Angehörigen verwickelt zu werden. Viele der Verschwundenen befinden sich ja in einer verzweifelten Lage und möchten erst einmal Abstand gewinnen.

Arbeitsplatz

Wenn ein Arbeitnehmer verschwunden ist, sollte der Arbeitgeber von den Angehörigen unverzüglich informiert werden, weil sonst eine Kündigung droht. Was Sie dort als Begründung für das Fernbleiben des Vermissten angeben, bleibt Ihnen überlassen. Manche Angehörige sagen zunächst, dass die vermisste Person krank ist. Doch nach einigen Tagen läßt sich diese Erklärung gegenüber dem Arbeitgeber nicht mehr aufrechterhalten. Sie können ja keine Krankschreibung eines Arztes beibringen, die der Arbeitgeber in diesem Fall erwartet.

Dann müssen Sie mit offenen Karten spielen. Versuchen Sie in der ersten Phase zu erreichen, dass der Arbeitgeber dem Vermissten den möglicherweise noch ausstehenden Urlaub berücksichtigt und die Fehltage zunächst damit verrechnet. Es kann ja sehr gut sein, dass die vermisste Person nur eine kurzfristige Krise hat, die nach wenigen Tagen bewältigt ist.

Bleibt die Person längere Zeit verschwunden, als das Urlaubskonto Tage aufweist, versuchen Sie eine Minimalanstellung zu erreichen. Vor allem, damit der Vermisste auch weiterhin krankenversichert ist. Nicht selten sind ja auch weitere Familienmitglieder über die vermisste Person mitversichert.

Würde der Arbeitgeber dem Vermissten kündigen und die Krankenkasse nicht bezahlen, wäre der Vermisste bald nicht mehr krankenversichert. Nun kann es aber sein, dass die Person nach einigen Wochen oder Monaten krank heimkehrt und weil sie nicht mehr krankenversichert ist, die Krankheitskosten nun selbst privat tragen muss. Das führt für manche zu großen finanziellen Schwierigkeiten.

Öfter schon haben mir Angehörige von großzügigen und hilfsbereiten Arbeitgebern berichtet, die sogar für längere Zeit als notwendig das Gehalt weiterbezahlt haben, damit die Familie des Vermissten nicht auch noch in wirtschaftliche Not geriet.

Ausland

Wer sich im Ausland etwa während eines Urlaubs oder einer Dienstreise aufhält, und eine Person vermisst, sollte sich umgehend an die örtliche Polizei wenden und dort eine Vermisstmeldung aufgeben. In der Regel wird die Polizei die Angehörigen unterstützen. Pauschaltouristen finden in der Regel darüber hinaus Hilfe bei Mitarbeitern des Hotels oder des Reiseveranstalters. Insbesondere, wenn man die Landessprache nicht beherrscht, ist diese Hilfe wichtig. Im Ausland sind auch die deutschen Botschaften und Konsulate bei der Suche nach Vermissten bzw. bei dem Kontakt zu den örtlichen Behörden behilflich.

Wird eine im Ausland vermisste Person nicht gefunden, sollten sich die Angehörigen unbedingt nach ihrer Rückkehr nach Deutschland an die Polizei am Wohnort des Vermissten wenden und auch hier eine Vermissten-Anzeige aufgeben. Diese Dienststelle ist dann weiterhin zuständig.

Wenn Angehörige von Deutschland aus nach einer im Ausland vermissten Person suchen, sollten sie sich zunächst an die Polizeibehörde im Wohnort der vermissten Person wenden. Darüber hinaus ist auch das Auswärtigen Amt (AA) in Berlin behilflich *(siehe Adressen: Auswärtiges Amt / Stichwort: Katastrophen im Ausland)*. Beim Auswärtigen Amt der Bundesregierung in Berlin gibt es eine Vermissten-Stelle. Angehörige erhalten entweder direkt Hilfe oder es wird der Kontakt zur zuständigen deutschen Vertretung im jeweiligen Staat vermittelt.

Ich rate zu einer schriftlichen Kontaktaufnahme mit dem Auswärtigen Amt. In einem Schreiben per E-Mail, Telefax oder Brief sollten so viele Angaben wie möglich zur vermissten Person und den Umständen des Verschwindens gemacht werden. Sie können dazu auch das im Anhang veröffentlichte Formular Vermisstenregistrierung benutzen, es entweder kopieren oder den Link in das Ihren Internet-Browser eingeben.

Um Unterstützung des AA sollte man nicht nur bei einem aktuellen Fall bitten. Auch in länger zurückliegenden Fällen kann man, falls noch nicht geschehen, den Kontakt zum Auswärtigen Amt bzw. zu der zuständigen Botschaft suchen. Das ist besonders zu empfehlen, wenn man das Gefühl hat, dass von den örtlichen Behörden im Ausland zu wenig getan worden ist. Im Einzelfall ist beispielsweise eine Vermisstensuche über die Medien auch noch nach längerer Zeit sinnvoll.

Grundsätzlich ist bei Vermisstenfällen im Ausland das eigene Engagement der Angehörigen wichtig. So habe ich beispielsweise den Angehörigen eines vermissten 14 Jahre alten Jungen, der vor seinem Verschwinden einem Freund gegenüber sein Interesse für die französische Fremdenlegion bekundet hatte, geraten, sich an das AA bzw. die deutsche Botschaft in Paris mit der Bitte um Unterstützung zu wenden. Ich kenne mehrere Angehörige, die – oft wochenlang – vor Ort die Suche nach einem Vermissten unterstützt haben. Sie wandten sich an die örtlichen Medien und baten um Veröffentlichung der Suche, recherchierten selbst im Umfeld des letzten Aufenthaltsortes und drängten die örtliche Polizei nicht von aktiver Suche abzulassen.

Bei großen Unglücken oder Katastrophen im Ausland kann auch die Koordinierungsstelle NOAH beim Bundesamt für Bevölkerungsschutz und Katastrophenhilfe kontaktiert werden. *Siehe dazu: Adressen/Koordinierungsstelle NOAH.*

B

Banken

Bei der Suche nach Informationen zum Verschwinden eines Menschen wenden sich Angehörige nicht nur an die Polizei, sondern oft auch an die Bank, bei der der Vermisste ein Konto unterhält. Meist möchten die Angehörigen wissen, ob die vermisste Person nach seinem Verschwinden noch Geld abgehoben hat – immerhin ein Lebenszeichen. Kontobewegungen können allerdings nicht nur belegen, dass der Vermisste selbst noch lebt, sondern auch, wo er sich befindet. Denn Bank-intern wird ja der Ort der Auszahlung registriert.

Bankmitarbeiter dürfen jedoch nur den Kontoinhabern persönlich Auskünfte erteilen. Diese Verschwiegenheitspflicht führt dazu, dass beispielsweise eine Ehefrau, die keine Bankvollmacht für das Konto ihres Ehemanns besitzt, keine Informationen erhält.

Falls die Polizei nicht die Informationen bei der Bank eingeholt, empfehle ich den Angehörigen, sich mit der Bank in Verbindung zu setzen und in einem persönlichen Gespräch mit Bankmitarbeitern um entsprechende persönliche Informationen zu bitten. In vielen Fällen hat so eine Maßnahme Erfolg gehabt.

Im Fall, dass Kontobewegungen erfolgen, sollte die Polizei eventuell vorhandene Videoaufzeichnungen an Geldautomaten auswerten, um festzustellen, wer die Geldabhebung durchgeführt hat. Möglicherweise heben ja auch Fremde mit der EC- oder Kreditkarte des Vermissten Bargeld an einem Geldautomaten ab.

Vor allem, wenn festgestellt wird, dass die vermisste Person persönlich das Geld abgehoben hat, sollten Angehörige meines Erachtens das Konto nicht sperren. Denn immerhin bietet sich hier die Möglichkeit den Weg, den der Verschwundene genommen hat, nachzuverfolgen und eine aktive Suche in den jeweiligen Städten bzw. Stadtteilen etwa per Vermisstplakat zu initiieren.

Falls Angehörige von Vermissten keine Vollmacht besitzen, um das Konto eines Vermissten zu verwalten, sollten sie das anstreben, wenn zum Beispiel Zahlungen per Dauerauftrag weiterlaufen. Grundsätzlich darf eine Bank kein Geld auszahlen oder Aufträge ausführen, wenn der Auftraggeber keine Kontovollmacht hat. Ist also eine Kontovollmacht da, gibt es keine Probleme. Fehlt eine Kontovollmacht und soll über das Konto einer verschollenen Person verfügt werden, werden die Banken und Sparkassen hoffentlich unbürokratisch vorgehen.
Im Zusammenhang mit dem Tsunami-Unglück 2004 teilte das Bundesjustizministerium damals mit, dass die im Todesfall notwendige Sterbeurkunde durch eine Bescheinigung ersetzt werden kann, die auf gesicherten Angaben des Bundeskriminalamtes, der Landeskriminalämter bzw. der örtlichen Polizeidienststellen beruht. Die im Zentralen Kreditausschuss zusammengeschlossenen Banken- und Sparkassenverbände haben damals zugesagt, dieses Verfahren bei ihren Mitgliedsinstituten zu unterstützen.
Vor allem bei Familien, deren Ernährer vermisst wird, ist die Klärung der Banksituation ja dringend notwendig. Bei Problemen sollten Sie unter Umständen eine Abwesenheitspflegschaft *(siehe Stichwort)* beantragen.

Beratungshilfe kostenlos

Die Beratungshilfe durch einen Rechtsanwalt ermöglicht es Bürgerinnen und Bürgern mit geringem Einkommen, sich in Notlagen beraten und vertreten zu lassen. Das kann zum Beispiel der Fall sein, wenn Sie im Zusammenhang mit dem Verschwinden einer Person rechtliche Fragen klären möchten. Angenommen, Sie befinden sich als Lebensgefährtin eines vermissten Mannes in der Situation, dass die Miete und Nebenkosten für die gemeinsame Wohnung von dem Vermissten nun nicht mehr bezahlt werden und

Sie auch keine Informationen über die finanzielle Situation des Freundes haben, dann benötigen Sie die Hilfe eines Anwalts. Sollten Sie nun nicht selbst über ein Einkommen verfügen, das es Ihnen ermöglicht, einen Rechtsanwalt wegen der rechtlichen Fragen zu konsultieren und zu bezahlen, so könnten Sie nun die kostenlose Beratungshilfe bzw. auch die kostenlose Prozesskostenhilfe *(s. Stichwort)* in Anspruch nehmen. Im konkreten beschriebenen Fall würde ich Ihnen raten, umgehend eine Abwesenheitspflegschaft *(s. Stichwort)* für die vermisste Person zu beantragen.
Im Vordruck für den Antrag auf Beratungshilfe wird über Details informiert: "Die Beratungshilfe ist Hilfe für die Wahrnehmung von Rechten außerhalb eines gerichtlichen Verfahrens und im obligatorischen Güteverfahren nach § 15a des Gesetzes betreffend die Einführung der Zivilprozessordnung. Sie wird für die meisten Rechtsgebiete gewährt. Genaueres teilen das Amtsgericht oder die Rechtsanwälte/-innen mit. Möchte sich die Bürgerin/der Bürger in einem gerichtlichen Verfahren vertreten lassen, so kommt die Verfahrens- bzw. Prozesskostenhilfe in Betracht, über die bei den Gerichten und Rechtsanwälten/innen weitere Informationen zu erhalten sind.
Wird die Beratungshilfe durch die Rechtsanwältin/den Rechtsanwalt gewährt, so hat der Rechtsuchende der Rechtsanwältin/dem Rechtsanwalt eine Gebühr von 10 Euro zu zahlen, die diese/r allerdings auch erlassen kann. Im Übrigen trägt das Land die Kosten der Beratungshilfe. Eine Vereinbarung über eine Vergütung im Bereich der Beratungshilfe wäre nichtig."
Beratungshilfe erhält, wer nach seinen persönlichen und wirtschaftlichen Verhältnissen die für eine Beratung oder Vertretung erforderlichen Mittel nicht aufbringen kann und keine anderen zumutbaren Möglichkeiten für eine Hilfe hat. Die beabsichtigte Wahrnehmung der Rechte darf nicht mutwillig sein.
Die Beratungshilfe erteilen die Rechtsanwälte/-innen, die, wenn

nicht besondere Ausnahmen eingreifen, zur Beratungshilfe verpflichtet sind. Das Amtsgericht kann die Beratungshilfe gewähren, soweit dem Anliegen durch eine sofortige Auskunft, einen Hinweis auf andere Möglichkeiten der Hilfe oder die Aufnahme eines Antrags oder einer Erklärung entsprochen werden kann.
Wie erhält man Beratungshilfe? Erforderlich ist ein Antrag, der mündlich oder schriftlich gestellt werden kann. Sie können den Antrag direkt beim Amtsgericht stellen oder Sie können unmittelbar eine Rechtsanwältin oder einen Rechtsanwalt Ihrer Wahl mit der Bitte um Beratungshilfe aufsuchen. Die Rechtsanwältin oder der Rechtsanwalt wird Ihren Antrag auf Bewilligung der Beratungshilfe an das Amtsgericht weiterleiten.
Liegen die Voraussetzungen für die Gewährung von Beratungshilfe vor, stellt Ihnen das Amtsgericht, sofern es nicht selber die Beratung vornimmt, einen Berechtigungsschein für Beratungshilfe durch eine Rechtsanwältin bzw. einen Rechtsanwalt Ihrer Wahl aus. *Lesen Sie dazu auch unter Stichwort: Prozesskostenhilfe.*

Beruhigungsmittel

Wenn man einen Menschen vermisst, liegen meist die Nerven blank. Man ist aufgeregt, kann keinen klaren Gedanken fassen. Bitte schlucken Sie in dieser Situation nicht wahllos irgendwelche Medikamente, die Ihnen Verwandte verabreichen oder die Sie noch in der Medikamentenschublade liegen haben. Sie befinden sich in einem psychischen Ausnahmezustand und sollten trotzdem sehr überlegt vorgehen. Sprechen Sie mit Ihrem Hausarzt, was für ein Medikament er Ihnen empfehlen würde. Es gibt stark und schwach wirkende Medikamente zur Beruhigung.
Sie sollten möglichst nicht ruhig gestellt, sondern nur beruhigt werden. Sie haben schließlich eine Reihe von Maßnahmen zu ergreifen und Dinge zu erledigen, die ihre ganze Kraft fordern. Bei

manchen Betroffenen hilft auch ein leichtes Schlafmittel, um in der Nacht zur Ruhe zu kommen. Manchen hilft auch ein Beruhigungstee. Selbst ein Vollbad in der Badewanne, eine Runde Schwimmen, Joggen oder ein Saunabesuch können helfen, etwas zur Ruhe zu kommen. Sollte die Vermisst-Situation länger anhalten, empfehle ich einen Yoga- oder Meditationskurs oder Autogenes Training.

Bundeskriminalamt

Das Bundeskriminalamt (BKA) befasst sich seit seiner Gründung im Jahr 1951 als kriminalpolizeiliche Zentralstelle für die Bundesrepublik Deutschland mit der Bearbeitung von Vermisstenfällen. Aufgaben der "Vermisstenstelle" des BKA sind die Fahndung nach vermissten Personen, die Identifizierung von unbekannten Leichen und unbekannten hilflosen Personen. Die Bearbeitung dieser drei Arbeitsfelder ist zusammengefasst, weil vermisste Personen in hilfloser Lage aufgefunden werden können oder die Identifizierung einer zunächst unbekannten Leiche aufgrund einer vorliegenden Vermissten-Meldung möglich wird.
In erster Linie arbeitet das BKA mit den Landeskriminalämtern und gegebenenfalls mit den örtlichen Polizeidienststellen zusammen. Ansprechpartner für Angehörige ist also immer die örtliche Polizei. Was macht nun das Bundeskriminalamt?
Wird eine Person in Deutschland als vermisst gemeldet, erfolgt die Sachbearbeitung durch die örtlich zuständige Polizeidienststelle. Ergeben sich dort Hinweise, dass sich die Person im Ausland oder gar an einem bestimmten Ort im Ausland aufhalten könnte, wird ein Ersuchen um Mitfahndung über das Bundeskriminalamt an die Interpol-Dienststellen des jeweiligen Landes gerichtet. In begründeten Ausnahmefällen leitet die "Vermisstenstelle" des Bundeskriminalamts auf Ersuchen einer inländischen Polizeidienststelle

eine weltweite Vermisstenfahndung ein, so dass alle Interpol-Mitgliedsländer über diesen Vermisstenfall informiert werden.
Die Fahndungsersuchen an die Mitgliedsländer des Schengener Übereinkommens werden durch die örtlichen Polizeidienststellen per "Knopfdruck" im europäischen Fahndungscomputer "Schengener Informationssystem" (SIS) aktiviert. Das BKA gibt die Ermittlungsergebnisse aus dem Ausland an die ersuchende Polizeidienststelle weiter.
Umgekehrt werden natürlich auch aus dem Ausland Anfragen wegen vermisster Personen beim Bundeskriminalamt geschickt. Das BKA ist in Deutschland "Nationales Zentralbüro der Internationalen kriminalpolizeilichen Organisation" (IKPO), besser bekannt als "Interpol". Bei Fahndungsersuchen ausländischer Staaten ist das BKA die zuständige deutsche Polizeidienststelle. Alle Fahndungs-Maßnahmen, wie das Überprüfen von Spuren oder Hinweisen auf den möglichen Aufenthaltsort eines Vermissten in Deutschland, werden vom BKA eingeleitet und koordiniert.
Das Ergebnis der Überprüfungen wird auf dem gleichen Weg an die ausländische Interpol-Dienststelle weitergegeben. Sofern die ersten Überprüfungen in Deutschland negativ verlaufen, wird die Person im INPOL als "Vermisst" ausgeschrieben. Die weitere Sachbearbeitung in Deutschland liegt beim BKA.
Deutsche Staatsangehörige, die im Ausland leben oder sich dort als Touristen aufhalten oder Ausländer mit erstem Wohnsitz in Deutschland, können im Ausland als vermisst gemeldet werden. In diesen Fällen wird das Bundeskriminalamt über die jeweilige deutsche Auslandsvertretung oder die Interpol-Dienststelle des Landes informiert. Die Vermisstenstelle des Bundeskriminalamts setzt die für den Wohnsitz zuständige deutsche Polizeidienststelle von diesem Vermisstenfall in Kenntnis und bittet um entsprechende Überprüfungen.

Sollte die vermisste Person nach Hause zurückgekehrt oder ihr Aufenthaltsort dort bekannt sein, wird die ausländische Interpol-Dienststelle darüber informiert. Die Vermisstenfahndung wird aufgehoben.
Kann der Aufenthaltsort des Vermissten nicht festgestellt werden, erfolgt die weitere Sachbearbeitung durch die zuständige deutsche Polizeidienststelle. Sie erhebt u.a. Identifizierungsmaterial (Fotos, Fingerabdrücke, Zahnschema) des Vermissten und stellt dies über das Landeskriminalamt und BKA der ausländischen Interpol-Dienststelle zur Verfügung.
Gegebenenfalls werden noch weitere Staaten durch das Bundeskriminalamt in die Fahndung nach der vermissten Person einbezogen. Durch die Eingabe der Daten einer vermissten Person in das INPOL erfolgt automatisch über Nacht die Aufnahme in die Datei "Vermisste/Unbekannte Tote".
Diese Datei enthält die Daten sämtlicher in Deutschland gemeldeter aktueller Vermissten-Fälle, unbekannter Leichen, nicht identifizierter hilfloser Personen sowie die dem BKA gemeldeten ausländischen Fälle.
Wird bei einer Recherche in der Datei "Vermisste/Unbekannte Tote" festgestellt, dass eine unbekannte Leiche mit einer vermissten Person identisch sein könnte, werden die beteiligten Dienststellen informiert. Sie führen einen direkten Abgleich der Beschreibungsmerkmale der unbekannten Leiche mit der vermissten Person durch.
Reichen die vorhandenen Merkmale für eine zweifelsfreie Identifizierung nicht aus, erfolgt ein DNA-Abgleich. Ist die Identität eines Vermissten mit einer unbekannten Leiche nachgewiesen, werden die Angehörigen benachrichtigt. Alle Daten des Vermissten bzw. der unbekannten Leiche werden aus der Datei gelöscht. Die Datei enthält grundsätzlich nur aktuelle Fälle.

Demenz-Kranke

Es gibt sehr viele Personen, die aufgrund einer Krankheit wie Demenz dazu neigen sich ganz einfach bei einem Spaziergang zu verirren. Das führt zu einem großen Arbeitsaufwand für Polizei, Pfleger und Betreuer und zu einer großen Verzweiflung unter den Angehörigen. Immer wieder werde ich von Familien angesprochen, die einen Demenzkranken vermissen. Glücklicherweise kehren die meisten schon nach kurzer Zeit wieder nach Hause oder in das Heim zurück. Doch leider geschehen auch schreckliche Unglücksfälle. Ich erinnere mich noch sehr gut an das Verschwinden eines Mannes in Bonn. Mit großem Aufwand wurde von Angehörigen und Polizei und mit Unterstützung der Medien nach ihm gesucht. Wochen später fand man ihn. Er hatte sich im so genannten Bonner Loch in einen Raum verirrt, der nicht mehr benutzt wurde – und nicht mehr herausgefunden.
Mein Tipp bei der Suche nach einem Vermissten, der beispielsweise in einem Kaufhaus oder einem großen Gebäudekomplex verschwunden ist, lautet deshalb immer: Penibel auch in Räumen suchen, die nicht oder selten von Menschen frequentiert sind.
"Durch zeitweise oder dauerhafte Orientierungslosigkeit", so stellte die Polizei im Saarland fest, "finden pflegebedürftige und/oder hilflose Menschen oft nicht mehr zurück, wenn sie ihren unmittelbaren Lebensbereich verlassen haben. Dann sind sie erheblichen Gefahren ausgesetzt – insbesondere durch Kälte, Dunkelheit oder wenn eine regelmäßige Medikamenteneinnahme dringend erforderlich ist. Es gilt, keine Zeit zu verlieren, wenn ein pflegebedürftiger und/oder hilfloser Mensch vermisst wird. Wenden Sie sich dann unverzüglich an Ihre Polizeidienststelle (Notruf 110). Die Polizei und die Hilfsdienste suchen sofort nach der/dem Vermissten. Für eine effektive Suche benötigen sie von Ihnen schnellstmöglich

Informationen über den auf Hilfe angewiesenen Menschen."
Mit einem ausgefüllten Datenblatt und vor allem auch einem aktuellen Foto des Vermissten kann man im akuten Fall die erforderlichen Informationen der Polizei schnell zur Verfügung stellen. Das kann entscheidend zum rechtzeitigen Auffinden der vermissten Person beitragen. Die Polizei im Saarland empfiehlt, das Datenblatt nicht erst beim Verschwinden einer Person, sondern schon vorher sicherheitshalber sorgfältig auszufüllen. Auch notwendige Aktualisierungen sollten möglichst regelmäßig vorgenommen werden. Weitere Informationen und das Registrierungsformular des Ministeriums für Inneres und Europaangelegenheiten und der Polizei des Saarlandes finden Sie im Internet unter: **http://www.saarland.de/dokumente/thema_polizei/Datenblatt.pdf**
Das Vermisst-Formular finden Sie auch in diesem Buch im Anhang unter dem Stichwort: Formular Vermisstenregistrierung.
Grundsätzlich sollten Angehörige nicht zögern, umgehend die Polizei zu benachrichtigen. Diese hilft in der Regel sofort. Vorsorglich sollte man für solche Situationen auch eine Telefonliste zusammenstellen, die alle Adressen enthält, wo sich die vermisste Person aufhalten könnte. Das sind sowohl Freunde, Verwandte und ehemalige Kollegen wie auch Kulturzentren, Kneipen oder andere Aufenthaltsorte, an denen der Vermisste sich gerne aufhält. Hier sollten die Angehörigen zunächst telefonisch recherchieren, ebenso wie sie in der eigenen Wohnung, im Haus und Garten und in der Nachbarschaft suchen sollten.
Doch man kann als Angehöriger einer dementen Person, bei der die Gefahr besteht, dass sie orientierungslos werden und sich verlaufen könnte, auch Vorsorge-Maßnahmen ergreifen. So sollten in Kleidungsstücken wie Jacken und Mäntel die Kontaktdaten der Angehörigen eingenäht werden. Diese können dann schnell informiert werden, wenn Passanten oder Behördenmitarbeiter die orientierungslose Person finden. Moderne Technik ist eine weitere

Hilfe. Es gibt Handys, die eine Ortung durch Angehörige ermöglichen. Solch ein Handy sollte man den Kranken entweder zur Benutzung mitgeben oder auch in die Kleidung stecken.
Aus eigener Erfahrung kann ich bestätigen, dass diese Art der Handy-Ortung für jemanden, der sich mit der Technik ein wenig auskennt, recht einfach ist.
Weiterhin gibt es auch spezielle GPS-Geräte zur Ortung, die mit einer Notrufzentrale verbunden sind. Sie können um den Hals oder wie eine Uhr am Handgelenk getragen werden. Einige Geräte sind auch mit einer Notruftaste ausgestattet. Wenn Sie im Internet Anbieter dieser Geräte finden möchten, geben Sie in Ihre Suchmaschine die Stichworte "Ortungsgeräte" und "Demenz" ein.
Weitere Informationen in diesem Buch unter Adressen: Deutsche Alzheimer-Gesellschaft.

Detektive

Detektive bieten gerne ihre Dienste bei der Suche nach vermissten Personen an, etwa so: "Die Detektive unserer Detektei ermitteln für Sie. Durch langjährige Erfahrung und Nutzung sämtlicher Techniken gelingt es unseren Ermittlern bzw. Zielfahndern in den meisten Fällen, den Aufenthaltsort einer sich versteckt haltenden bzw. vermissten Person, insbesondere eines Kindes bzw. Jugendlichen, ausfindig zu machen."
Solchen Versprechungen sollten Sie misstrauen, denn die Suche nach vermissten Personen ist besonders schwierig, brechen diese doch in der Regel alle Verbindungen zu ihrem bisherigen Leben ab. Vermissten-Experten der Polizei halten meist nicht viel von der Arbeit der Detekteien: "Privatdetektive kosten viel Geld und führen zu nichts."
In ihrer Not wenden sich Angehörigen trotzdem immer wieder an Detektive. So wandten sich auch die Angehörigen eines jungen

Mannes an eine Detektei, nachdem die Ausschreibung von 5.000 Euro Belohnung, die private Suche von Freunden, Verwandten und Bekannten und auch die Veröffentlichungen in den Medien erfolglos geblieben waren.

"Der Detektiv ermittelte ein paar Tage und kostete einen Haufen Geld", erzählte mir die Mutter des Vermissten. Der Detektiv recherchierte im Bekanntenkreis und bei Geschäftspartnern des Studenten. Seine Beobachtungen waren so simpel wie die eines Besuchers, der nur kurz an einem Geschäft vorbeigeht. Der Bericht des Detektivs liest sich so "... konnte man aus einer angebrachten Liste (Aushang) entnehmen, was z. Zt. käuflich erworben werden kann. An- und Verkäufe können samstags von 14 bis 17 Uhr getätigt werden ... die von unserem Mitarbeiter unter unverfänglichem Vorwand durchgeführte Befragung in der Nachbarschaft ergab keine negativen Erkenntnisse..."

Was der Detektiv als Ergebnis seiner Recherchen vorlegte, war also nicht mehr als eine Beschreibung von Geschäftsräumen, die Wiedergabe belangloser Unterhaltungen, Daten über Pkws und andere Nebensächlichkeiten. Meist suchen Detektive vergeblich nach Vermissten, was sicherlich auch an den speziellen Umständen der Vermisstenfälle liegt. Sie verlassen in der Regel ja ihren Wohnort ohne sich bei jemandem abzumelden. Nach Feststellung des Bundesverbandes Deutscher Detektive e.V. (BDD) suchen Detektive überwiegend Kinder oder Jugendliche, die von zuhause ausgerissen sind, sowie unterhaltspflichtige Angehörige, also meist Väter nichtehelicher Kinder.

Bei der Suche nach Kindern, die von einem Elternteil ins Ausland entführt wurden, kann unter Umständen auch ein Detektiv helfen, wenn er etwa das Kind am Wohnort des Vaters oder der Mutter im Ausland sucht. Die Suche mit Unterstützung eines Detektivs ist allerdings teuer. Das Honorar liegt bei einem Stundensatz von 50 bis 100 Euro zzgl. Reisekosten.

Dubiose Helfer

Vorsicht vor dubiosen Helfern, die nur Ihr Geld wollen. Es gibt u.a. Initiativen, die ihre Spenden-Aufrufe in den Mittelpunkt stellen, keine aktive Hilfe und Beratung und nur gegen Honorar ihre Unterstützung bieten. Meist machen sie nicht mehr, als eine Auswahl von Vermissten-Fotos zu veröffentlichen.
Auch gibt es leider einer Reihe von angeblichen Opfer- oder Vermissten-Initiativen, die per Internetseiten für sich werben und hinter denen beispielsweise Detektive oder Heilpraktiker und andere stehen, die auf diesem Weg Kunden suchen, die ihre Leistungen bezahlen. In der Regel verfügen diese Personen nicht über große Erfahrungen zur Vermisstproblematik und weisen sich auch nicht durch fachkundige Arbeiten als solche aus.
Die Zahl dieser dubiosen Helfer hat in den vergangenen Jahren zugenommen. Auch die Hinweise, dass namhafte Wirtschaftsunternehmen oder Institutionen den Helferverein unterstützen, garantiert nicht die Seriosität der Helfer. Immer wieder werden auch Sponsoren über die Aktivitäten dieser dubiosen Helfer getäuscht.

E

Entführung/Geiselnahme

Eine Geiselnahme oder Entführung beginnt häufig als Vermisstfall. Ein Erwachsener, ein Jugendlicher oder ein Kind sind zunächst verschwunden. In etlichen Fallen bleibt das auch so. In der Kriminal-Geschichte gibt es dafür viele Beispiele. Denken Sie nur an das Schicksal der jungen Österreicherin Natascha Kampusch, die mehrere Jahre vermisst wurde, bis sie sich aus der Gewalt ihres Entführers befreien konnte.

Manchmal geht es allerdings um Lösegeld, das die Entführer erpressen wollen. Die Täter melden sich dann bei den Angehörigen und verlangen, nicht die Polizei einzuschalten. Die Praxis hat jedoch gezeigt, dass Angehörige von Entführten die besseren Chancen haben, das Leben der entführten Person zu retten, wenn sie die Polizei heimlich informieren.
Angehörige haben mit zahlreichen Problemen zu kämpfen, wenn sie versuchen, die Entführung ohne professionelle Hilfe zu bewältigen. Im Angesicht einer solchen Tat kann man kaum einen klaren Gedanken fassen und man weiß auch nicht genau, was man tun kann oder besser tun muss.
In Deutschland wenden Sie sich am Besten an die nächste Polizeidienststelle, im Ausland können Sie sich um Unterstützung bei der deutschen Botschaft und natürlich auch bei der Polizei vor Ort bemühen.

Erben

Mit dem Verschwinden eines Menschen kann es zu schwierigen Rechtsproblemen kommen. Sie sollten in einem solchen Fall möglichst einen Rechtsanwalt um Unterstützung bitten. Wenn ein Mensch verschwunden ist, bedeutet das nämlich nicht, dass Angehörige sofort wie ein Erbe über das Vermögen des Verschwundenen verfügen können. Das ist erst möglich, wenn dieser für tot erklärt worden ist. *Lesen Sie dazu auch unter dem Stichwort: Todeserklärung*. Ich empfehle, eine Abwesenheitspflegschaft *(siehe Stichwort)* beim Amtsgericht zu beantragen, um eine rechtlich saubere Abwicklung der Vermögenssituation zu erreichen.

F

Fakten-Blatt

Ein Angehöriger sollte bei Eintreten einer Vermisstsituation ein Faktenblatt erstellen und folgende Vorgänge/Daten darin eintragen: persönliche Daten der vermissten Person, Termin, Orte, Umstände des Verschwindens, mitgenommene Gegenstände und zuletzt getragene Kleidung, durchgeführte Maßnahmen mit Datum, Uhrzeit, Ansprechpartner, Kontaktdaten wie Telefon und Internetadresse, ToDo-Liste für Maßnahmen, die man im Zusammenhang mit dem Vermisstenfall noch erledigen möchte.
Die Liste ist sorgfältig zu führen. Denken Sie daran, dass Sie vieles, was Sie unternommen haben, unter Umständen später vergessen. Vor allem Namen, Telefonnummern von Polizisten, Behördenmitarbeitern, Helfern, Tippgebern sind wichtig. Es wird zunächst auf Ihrem Faktenblatt ein ebenso großes Chaos herrschen wie in ihrem Kopf. Aber das macht nichts. Wenn Sie später ein wenig zur Ruhe gekommen sind, können Sie in das Chaos Ordnung bringen. *Lesen Sie auch weiter unter dem Stichwort: Vermisst-Anzeige und Anhang: Formular Vermisstenregistrierung.*

Foto- und Filmmaterial

Bei der Suche nach einem Vermissten benötigen Sie gutes Foto- und möglichst auch Videomaterial. Vervielfältigen Sie das Material, geben Sie möglichst die Originale nicht aus den Händen. Beachten Sie, dass vor allem das Gesicht der gesuchten Person in Großaufnahme und sehr klar zu erkennen ist. Darauf kommt es schließlich an. Die Menschen merken sich leichter Gesichter.
Die Medien benötigen immer Fotos oder Videos, sowohl von der vermissten Person wie auch – etwa bei einem Interview – von den Angehörigen. Auch den Journalisten sollten Sie nur Kopien über-

lassen. Ich weiß aus eigener Erfahrung wie schnell man im Tagesgeschäft als Journalist vergisst, Unterlagen wieder zurückzuschicken. Das gilt übrigens auch für Fotos, die Sie an die Polizei weitergeben. Geben Sie dem Beamten, der eine Vermisstenanzeige aufnimmt, möglichst nur gute Kopien des Materials über eine vermisste Person. Sollten wegen der Dringlichkeit keine Kopien gemacht werden können, können Sie selbstverständlich der Polizei auch Originale überlassen und diese später gegen Kopien austauschen.

Freunde, Verwandte, Bekannte, Arbeitskollegen

Freunde , Verwandte, Bekannte und Arbeitskollegen sind wichtige Helfer für die Angehörigen eines Vermissten. Haben Sie keine Hemmungen vor allem in der ersten Phase Unterstützung anzubieten. Dabei geht es sowohl um organisatorische Fragen wie auch um Zuwendungen und um Gespräche. Vielen Menschen hilft es, einen Schock, wie das Verschwinden eines Menschen, in Gesprächen aufzuarbeiten, um Ihre Gefühle in den Griff zu bekommen.
Allerdings sollten Angehörige beachten, dass auch die vertrauten Mitmenschen nur begrenzt belastungsfähig sind. Dosieren Sie ihre Gesprächswünsche, sonst kann es Ihnen passieren, dass sich irgendwann Freunde und Bekannte zurückziehen, weil sie es selbst nicht mehr ertragen, wenn sich die Unterhaltung nur noch um die verschwundene Person dreht. Ich habe öfter gehört, dass Angehörige sich nach einiger Zeit von Freunden u.a. verlassen fühlen und ihnen niemand mehr zuhört. Wenn Sie dieses Gefühl haben, suchen Sie professionelle Hilfe etwa bei einem Psychotherapeuten.
Lesen Sie dazu mehr unter dem Stichwörtern: Krankenkasse, Psychotherapie.

G

Gedenktage

Unsere Gesellschaft gedenkt an zwei Tagen im Jahr vermissten Menschen – dem 25. Mai und dem 30. August. Für Angehörige ist es eine Gelegenheit auf das eigene Schicksal und die Suche nach der vermissten Person aufmerksam zu machen und sich einige Tage vor solchen Terminen an die Medien zu wenden.
Nutzen Sie beispielsweise den "Internationalen Tag der vermissten Kinder" am 25. Mai für Ihre Öffentlichkeitsarbeit und suchen Sie die Unterstützung durch die Medien bei der Suche nach einem vermissten Kind oder einen Jugendlichen. Etwa eine Woche vor diesem Termin könnten Sie beispielsweise eine Pressemitteilung an die örtlichen und regionalen Medien über ihren Vermisstfall schicken oder sich telefonisch an Redaktionen wenden.
Zurückzuführen ist der "Internationale Tag der vermissten Kinder" auf den 25. Mai 1979, der Tag, an dem im New Yorker Stadtteil Soho der damals sechsjährige Etan Patz spurlos verschwand. Vier Jahre später wurde ihm zum Gedenken der "Internationale Tag der vermissten Kinder" in den USA eingeführt, der inzwischen auch in Europa begangen wird.
Der 30. August ist der "Internationale Tag der verschwundenen Menschen". Er ist allen Familien gewidmet, die keine Information über das Schicksal ihrer Angehörigen haben.

Gespräche

Mit Beginn einer Vermisst-Situation drehen sich die Gedanken der nahen Angehörigen um das Verschwinden der Person. Fragen nach dem Grund und der eigenen Schuld für das Verschwinden quälen die Angehörigen. Viele suchen das Gespräch mit Verwandten, Freunden, Bekannten, Arbeitskollegen – oft zu oft. Angehörige

von Vermissten sollten sich bewusst sein, dass nur sie selbst so intensiv betroffen sind, nur sie allein sich so ohnmächtig fühlen, die Situation zu ändern. Menschen, die einem Vermissten nicht so nahe stehen, fühlen zwar häufig mit, empfinden ihre Situation aber eher als die des neutralen Beobachters.
Immer wieder sprechen Angehörige mit mir über ihre Not nach längerer Zeit noch einen Gesprächspartner zu finden. Man will ihre Geschichte nicht zum wiederholten Mal hören. Immer häufiger bleiben die Angehörigen mit ihren Sorgen und ihrer Verzweiflung allein. Vor allem bei Langzeitvermissten, wenn ein Mensch schon Monate oder gar Jahre verschwunden ist, fehlt es den Angehörigen an Anteilnahme, am Austausch von Gedanken.
Ich empfehle den Angehörigen unbedingt dazu, Freunde, Bekannte, Nachbarn, Verwandte und Arbeitskolleginnen und Kollegen nicht mit ihrer Geschichte zu "nerven". Informationen sollten wohl dosiert weitergegeben werden, auch wenn nachgefragt wird: Was ist denn aus dem Vermissten geworden?
Menschen, die einen Angehörigen eines Vermissten kennen, sollten wiederum bereit sein, sich in einem ersten intensiven Gespräch mit dem Thema und den Problemen der Angehörigen auseinanderzusetzen. Dabei sollten sie sich aber bemühen, die Probleme nicht zu sehr an sich heranzulassen, sondern etwas Distanz zu wahren. Seien Sie als Freundin, Bekannte, Nachbarin oder Arbeitskollegin eine Stütze, eine Ratgeberin. Und sagen Sie ruhig auch, wenn Sie persönlich einmal eine Pause benötigen, nicht mehr über das Thema sprechen möchten.

Gewalt

Als Grund für das Verschwinden von Kindern und Jugendlichen wird öfter auch der körperliche oder sexuelle Missbrauch durch deren Angehörigen festgestellt. Für die Polizei wie auch für mich

als Berater von Angehörigen ist es schwer, solche Ursachen zu erfahren, weil fast keine Mutter oder kein Vater mir oder einer Polizeibeamtin einen Hinweis darauf geben wird.
Ich möchte an dieser Stelle an die Angehörigen appellieren, die meist ganz genau wissen, dass sie ihr Kind durch ihr eigenes Verhalten aus dem Haus getrieben haben. Die Vergewaltigung eines Kindes ist ebenso eine Straftat wie die Körperverletzung. Ich rate den Angehörigen unbedingt dazu, psychologische oder psychotherapeutische Hilfe in Anspruch zu nehmen und zu versuchen, ihr falsches und oft kriminelles Verhalten in den Griff zu bekommen. Das sollten Angehörige auch unter ganz eigennützigen Gesichtspunkten tun: Kinder und Jugendliche, die von Polizei oder Jugendbehörden gefunden werden, werden danach befragt, ob sie Opfer von Vergewaltigung oder Körperverletzungen im Elternhaus geworden sind. Danach kann es dann zu einer Anzeige und einem Strafverfahren gegen die Eltern kommen. Angehörige, die sich in einer Therapie befinden, können mit einem milderen Gerichtsurteil rechnen, als solche, die sich ihre schwere Schuld nicht eingestehen und auch keine Maßnahmen gegen Wiederholungen von Taten ergreifen wollen.
Das trifft im übrigen auch auf Männer oder Frauen zu, die gegenüber ihren Ehe- oder Lebenspartnern gewalttätig werden. Oft verschwinden diese aus diesen unerträglichen Beziehungen und tauchen unter. Die daheimgebliebenen Täter erstatten oft Vermisstenanzeige, allerdings ohne auf die Gründe für das Verschwinden, ihre Gewaltattacken, hinzuweisen.

Gründe für das Verschwinden

Ich geh' mal eben Zigaretten holen – das ist eine gern benutzte Redewendung, wenn man darüber spricht, wie Menschen von einer Stunde auf die andere verschwinden. Ich selbst kenne nur zwei

Fälle, bei denen das die "letzten Worte" waren. Die Palette der Gründe, die den Menschen dahin bringen zu verschwinden, umfasst alle Probleme und Krankheiten in unserer Gesellschaft: von den Krisen in Beziehungen bis zu Schwierigkeiten in Schule, Studium und Beruf. Liebeskummer, finanzielle Sorgen, Enttäuschungen in einer Freundschaft, Leistungsdruck, Alkoholismus, Drogensucht, Mobbing am Arbeitsplatz, Prüfungsangst, ein gewalttätiger Ehe- oder Lebenspartner, drohende Scheidung, Schulden, Krankheiten wie Demenz.
Fälle von Abenteuerlust oder Freiheitsdrang sind selten, und nicht so häufig sind auch die Verbrechen, die zum Verschwinden von Menschen führen – sie machen nur etwa ein Prozent aller Vermisstenfälle, also etwa 1.000 pro Jahr, aus.
"Ausweglosigkeit ist oft für Erwachsene ein Grund, fortzugehen", erzählte mir eine Kriminalbeamtin, "das Gefühl des Verlassenseins oder andere, für den Einzelnen schwer wiegende Lebenskrisen, motivieren zu einer Flucht ins Ungewisse".
Die meisten Vermissten lassen Angehörige und Polizei mit einem großen Rätsel zurück. Nur wenige hinterlassen einen Abschiedsbrief. Sie sind von einer Stunde zur anderen verschwunden, und die Zurückgebliebenen finden nur selten eine Antwort, auf die Frage nach dem Warum.
Die Gründe für das Verschwinden von Kindern und Jugendlichen werden gern in Schlagworten erfasst. Diese sind: Gewalt in der Familie, Entweichen aus Erziehungsheim, Familienzwist, Furcht vor Strafe/Schande, Partner-/Liebesprobleme, Schwierigkeiten in Schule und Ausbildung, Alkohol- und Drogenabhängigkeit, Kindesentziehung, Freitodabsicht, Hilflosigkeit, Entweichen aus psychiatrischen Kliniken, Angst vor Strafe, falsche Erziehung, Hang zum Streunen, Entweichen aus Heimen, schulische Schwierigkeiten, Unfälle oder Straftaten.
Wenn Kinder nach ihrer Heimkehr von Polizeibeamten befragt wer-

den, nennen sie gelegentlich aber auch kuriose Begründungen für das Verschwinden. Beispiele: "Ich musste so viel Kartoffeln schälen und Gemüse putzen" oder "Ich musste immer auf meine kleine Schwester aufpassen". In einem Fall hatte eine Minderjährige ihren Eltern einen "Schuss vor den Bug" versetzen wollen, um diese zu einem ihr angenehmen Erziehungsziel zu bringen. In einem anderen Fall wollte ein Mädchen mit ihrem Freund ins Ausland fahren, um dort zu heiraten. Ein 5-Jähriger verließ das Elternhaus, um einmal mit dem Zug zu fahren; nach zweitägiger Abwesenheit aus dem Elternhaus wurde der Junge als blinder Passagier im Schwarzwaldexpress aufgegriffen. Er gab an, "unwahrscheinlich gern" Eisenbahn zu fahren. In einem anderen Fall war die Liebe zu einer Popgruppe Grund für eine 17-Jährige, dieser bis ins Ausland zu folgen.

Grundgesetz

Nach Artikel 2, Absatz 2, des Grundgesetzes ist die Freiheit der Person unverletzlich. Darunter ist die körperliche Bewegungsfreiheit zu verstehen, das heißt der Schutz vor willkürlichen Festnahmen, Verhaftungen und ähnlichen Eingriffen.

Jeder Bundesbürger hat somit ein Grundrecht, sich dort aufzuhalten, wo er möchte und dorthin zu gehen, wohin er möchte. Wenn jemand morgen seinen bisherigen Wohn- und Lebensraum verlassen will, darf er das tun, ohne dass ihn irgendjemand – auch nicht der Staat – daran hindern kann. Dabei spielt es auch keine Rolle, in welcher Situation er mögliche Angehörige zurücklässt. Wenn nicht zu erkennen ist, dass eine vermisste Person einem Verbrechen oder Unglück zum Opfer gefallen, dass sie hilflos oder vielleicht auch geistig verwirrt sein könnte, dann hat die Polizei keine rechtliche Handhabe zum Handeln, und die Angehörigen haben nicht einmal das Recht, ihn als vermisst bei der Polizei registrieren zu lassen.

Das Grundgesetz der Bundesrepublik Deutschland garantiert, dass jeder Bürger seinen Aufenthaltsort frei bestimmen kann. Auch wenn man bei der Polizei die Erfahrung gemacht hat, dass die meisten Betroffenen vom Staat erwarten, dass er handelt: die Polizei darf das nicht. *Mehr unter dem Stichwort: Selbstbestimmung.*

Grundsicherung

Falls Sie sich durch das Verschwinden etwa eines Ehemannes, der alleiniger Ernährer der Familie ist, in einer finanziellen Notlage befinden, beantragen Sie schnellstmöglich Unterstützung. Leistungen zur Sicherung des Lebensunterhaltes werden im Regelfall zunächst für die Dauer von sechs Monaten bewilligt. Anschließend wird geprüft, ob die Voraussetzungen für den fortdauernden Leistungsbezug vorliegen. Diese in überschaubaren Zeiträumen erfolgende behördliche Nachprüfung soll sicherstellen, dass die Unterstützung auch wirklich nur den Leistungsbeziehern zustatten kommt, die die Anspruchsvoraussetzungen für den Bezug erfüllen. Haben Sie keine Hemmungen diese Leistungen in Anspruch zu nehmen. Vor allem, beantragen Sie die Unterstützung schnellstmöglich und warten Sie nicht, bis sich Schulden angehäuft haben. *Lesen Sie bei Schulden im Kapitel Adressen: Schuldnerberatung.*
Eine Grundsicherung im Alter und bei Erwerbsminderung wird als Teil der staatlichen Sozialhilfe geleistet, wenn weder ein Anspruch auf Arbeitslosengeld II noch auf Sozialgeld besteht und die Person ihren eigenen notwendigen Lebensunterhalt nicht selbst bestreiten kann. Dabei handelt es sich bei der Grundsicherung um eine eigene Sozialleistung, die ihre Vorschriften im 12. Sozialgesetzbuch (SGB XII) findet und Vorrang vor der Sozialhilfe (Hilfe zum Lebensunterhalt) hat. Die Höhe der Grundsicherung entspricht der Höhe des Regelbedarfs des Arbeitslosengeldes II, zuzüglich angemessener Wohnkosten.

Einen Hartz-IV-Antrag können alle hilfebedürftigen Personen, die sich in der Bundesrepublik Deutschland aufhalten, erwerbsfähig und im Alter von 15 bis 65 Jahren sind, stellen. Maßgebend für einen eventuellen Leistungsanspruch ist der Tag des Posteingangs beziehungsweise der persönlichen Abgabe des Antrags bzw. die persönliche Antragstellung bei einer Behörde. Folgende Voraussetzungen müssen erfüllt werden um einen Hartz-IV Antrag stellen zu können: Sie müssen eine erwerbsfähige, hilfebedürftige Person sein, Sie haben keinen Job, Sie bekommen kein Geld und verfügen auch über kein Geld, sind aber in der Lage zu arbeiten.
Zur Beantragung von Hartz-IV-Unterstützung werden folgende Unterlagen benötigt: Der vollständig ausgefüllte und vom Antragsteller, ggf. auch von seinem Lebenspartner unterschriebene Antrag, der Personalausweis (oder Meldebescheinigung, nicht älter als 3 Monate) des Antragstellers, Mietvertrag, Nachweis über die Heizkosten, Nachweis über die Höhe der monatlichen Nebenkosten und wenn vorhanden der Wohngeldbescheid.
Sie müssen mit rund sechs Wochen rechnen, bis Ihr Antrag genehmigt wird. Informationen erhalten Sie bei der Stadtverwaltung oder beim Landratsamt, bei der Agentur für Arbeit oder bei Ihrem Rentenversicherungsträger.

H

Handy

Wer bei der Suche nach einer vermissten Person die Öffentlichkeit einschaltet, sollte sich ein preiswertes Prepaid-Handy kaufen und nur diese Mobilnummer für die Vermisstensuche einsetzen. Diese Telefonnummer können Sie in den Medien veröffentlichen, aber auch auf Vermisst-Plakaten und -Flugblättern sowie Vermisst-Internetseiten.

Der Vorteil: Die Angehörigen verhindern auf diese Art, dass sie ihre privaten Telefonnummern zur Kontaktaufnahme bei Hinweisen auf die vermisste Person weitergeben müssen und in ihrem Privatleben von Fremden gestört werden.
Schalten Sie auf diesem Vermisst-Handy unbedingt den Anrufbeantworter und die SMS-Kontaktaufnahme frei. Kontrollieren Sie nach einer Veröffentlichung der Vermisst-Nummer auch über längere Zeit täglich, ob sich jemand bei Ihnen gemeldet hat.

Heimkehr

Warum kehrt die vermisste Person nicht nach zwei oder drei Tagen ganz einfach nach Hause zurück? Warum dauert es oft Wochen oder Monate, bis jemand zurückkehrt?
Eine Heimkehr ist nicht einfach. Denn Menschen, die weggegangen sind, wissen sehr wohl, was sie getan haben: Zunächst haben sie ja ein Problem, das sie zum Verschwinden getrieben hat. Selten ist es Abenteuerlust. Alle Probleme dieser Gesellschaft finden sich unter den Motiven für das Verschwinden. Auch wissen die Verschwundenen meist, was sie ihren Angehörigen mit dem Fortgehen antun, und sie ahnen deren Sorgen und Verzweiflung und schämen sich für ihre Handlung. Und letztlich fürchten sie auch die Folgen ihres Verschwindens, die Probleme, die sie bei der Heimkehr erwarten.

Es gibt meines Erachtens drei Problembereiche, die nach der Heimkehr eines Vermissten gemeinsam aufgearbeitet werden müssen:
1. Das Verschwinden. Warum ist die Person weggegangen? In der Regel sind die Probleme, die zum Verschwinden geführt haben, ja nicht gelöst. Hier sollte man, eventuell auch mit Unterstützung von Experten, daran arbeiten, das Problem zumindest in den Griff zu bekommen.

2. Die Zeit während des Wegbleibens. Was ist mit dem Vermissten wie auch mit dessen Angehörigen passiert? Es fand eine Entfremdung statt. Bei Angehörigen entwickelte sich manchmal Wut auf die vermisste Person. Angehörige haben sehr gelitten, fühlten sich überdies im Freundes- und Bekanntenkreis und in der Nachbarschaft bloßgestellt. Die Familienangehörigen oder Lebenspartner sollten versuchen, Verständnis füreinander aufzubringen.
3. Die Zukunft. Wie will man in Zukunft leben? Miteinander? Auf getrennten Wegen? In Freundschaft?
Nicht immer gelingt es den Menschen, die Gespräche ohne Unterstützung von Moderatoren zu führen. Manche Situationen sind einfach zu kompliziert. Hier können Familien- oder Paartherapeuten helfen. Manchmal kann auch ein umsichtiger Freund oder ein Familienmitglied die Gespräche "moderieren".
Nicht zuletzt geht es nach der Heimkehr von Vermissten auch um die wirtschaftliche Existenz, wenn man beispielsweise inzwischen den Arbeitsplatz verloren hat. Nur Mut: Heimkehrer sollten zumindest versuchen, den ehemaligen Arbeitgeber um Entschuldigung zu bitten und ihm die Situation, die zur Flucht geführt hat, erklären. Immer wieder sind Arbeitgeber auch bereit, einem guten Mitarbeiter einen "Absturz" zu verzeihen.
Mein Hinweis für Vermisste, die noch unterwegs sind: Ein Neuanfang in der alten Heimat ist in der Regel zwar peinlich, aber einfacher, als in der Fremde als Nobody einen Neuanfang zu wagen. Melden Sie sich bei Ihren Angehörigen.

Hoffnung

Die Hoffnung stirbt zuletzt, heißt eine Redewendung. Wenn es um Vermisste geht, stimmt das. Bei den meisten Angehörigen versiegt die Hoffnung, dass der geliebte Mensch noch einmal heimkehrt, nie. Man richtet sich höchstens auf ein Leben ohne den Ver-

schwundenen ein. Doch manchmal wünschen sich Angehörige von Langzeitvermissten in ihrer Verzweiflung sogar, dass irgendwann einmal ein Polizist vor der Tür steht und sagt: "Wir haben ihn gefunden. Er ist tot."
Das klingt hart, aber die Reaktion ist verständlich. Wer über Jahre und Jahrzehnte von den Fragen gequält wird, wie es der vermissten Person geht, ob sie lebt oder gestorben oder gar ermordet worden ist, der hat eines Tages keine Kraft mehr zu hoffen – und zu leiden. Solche Menschen suchen nach dem Rettungsanker, der ihnen hilft, den Rest ihres Lebens zu meistern.
Sogar in meinem Freundeskreis ist es schon geschehen, dass ein Vermisster nach 30 Jahren heimgekehrt ist, als er schwer krank wurde. Die Familie hat ihn wieder aufgenommen, als wäre er nur auf einer langen Reise gewesen. Gelegentlich erzähle ich Ratsuchenden davon und empfehle, die eigene Situation ebenfalls so zu sehen: Der verschwundene Mensch ist auf eine lange Reise gegangen, von der er irgendwann wieder heimkehren wird.
Denn die Hoffnung, dass der Vermisste heimkehrt, ist all die Jahre gegenwärtig – begleitet von Angst und Sorge. Die Angehörigen schwanken oft zwischen der Hoffnung auf Heimkehr eines Vermissten und der vermeintlichen Erlösung durch eine Todesnachricht. Manche Menschen empfinden ihr Leben sogar als würdelos, wenn diese Hoffnung nie erfüllt wird. Sie fühlen sich durch ihre Enttäuschungen regelrecht seelisch gefoltert.
"Manchmal überfällt mich ein ungeheurer Schmerz und eine Trauer und ich denke, dass es einfach unmenschlich ist, was da passiert ist", erzählte mir eine Mutter. *Lesen Sie dazu auch unter dem Stichwort: Gespräche.*

I

Initiativen

Es gibt unzählige Initiativen und Beratungsstellen, die ihnen unter Umständen in Einzelfragen weiter helfen können: z.B. Jugendämter, Bahnhofsmissionen, Sozialdienste, Verbraucherberatung, Jugend- und Eltern-Beratungsdienste, Lebensberatungen, Schulpsychologische Beratung, Prozesskosten-/Beratungshilfe der Gerichte, Telefonseelsorge, Zeugnistelefone, Streetworker im Drogen- und Obdachlosen-Milieu, Frauenhäuser, Eltern- und Sekten-Initiativen, Suchtberatung wie viele andere Selbsthilfegruppen. Überlegen Sie in aller Ruhe, auf welchem Gebiet Sie Unterstützung oder Rat benötigen und haben Sie keine Hemmungen, die Hilfe auch in Anspruch zu nehmen.

Internet

Das Internet bietet eine Reihe von Möglichkeiten, die Suche nach einem vermissten Menschen öffentlich zu machen und auch die vermisste Person anzusprechen. Viele Angehörige nutzen bereits diese Möglichkeiten: eine eigene Homepage, Facebook oder einem Blog. Falls Sie über die technischen Möglichkeiten verfügen, bietet es sich als erstes an, eine Facebook-Seite einzurichten. Hier können dann Freunde, Verwandte und Bekannte die vermisste Person direkt ansprechen und sie zur Rückkehr auffordern. Heute kann man davon ausgehen, dass viele Vermisste im Internet nach Hinweisen recherchieren, ob man nach ihnen sucht.
Eine eigene Homepage mit dem Namen der vermissten Person ermöglicht es Ihnen, alle wichtigen Informationen zentral zu veröffentlichen, so dass sowohl Fremde, die sich für Ihren Fall interessieren, aber auch Medien hier alles Wissenswerte finden können. Man kann hier Fotos, informative Texte, Pressemitteilungen u.a.

veröffentlichen. Ich empfehle allerdings auch, die vermisste Person direkt in einem persönlichen Text auf der Startseite anzusprechen, ihr ein wenig von den Sorgen zu schildern, die mit ihrem Verschwinden verbunden sind, sowie auch aufzufordern, wenigstens ein Lebenszeichen zu geben.
Facebook bereitet übrigens die Einrichtung eines speziellen Internetauftritts gemeinsam mit dem amerikanischen "National Center for Missing and Exploited Children" vor. Um die Suche nach verschwundenen Kindern zu verbessern, sollen die Facebook-Nutzer zukünftig Meldungen im News-Feed zu den Vermissten in ihrer Gegend und zusätzliche Infos erhalten.

J

Jugend- und Kinder-Notruf 116000

Die europaweite Hotline 116000 ist eine Anlaufstelle für Angehörige von vermissten Kindern, aber auch für Jugendliche und Kinder selbst. Die europäische Kommission fordert schon seit Jahren, dass es in jedem europäischen Land eine kompetente Anlaufstelle für vermisste Kinder geben soll. In Deutschland hat die Initiative "Vermisste Kinder" seit 2011 diese Aufgabe übernommen. Das Ziel ist eine effektive Unterstützung bei der Suche nach vermissten Kindern, aber auch die Prävention von Vermisstenfällen.
Die Hotline für vermisste Kinder ist rund um die Uhr und zum Nulltarif aus ganz Deutschland, sowohl vom Fest- als auch vom Mobilfunknetz zu erreichen. Auch der Anruf aus Telefonzellen ist kostenfrei möglich. Für Gehörlose, Ertaubte, Schwerhörige und Stumme ist die 116000 per Fax zu erreichen.
Unter der Telefonnummer 116000 können sich sowohl Eltern bzw. Bezugspersonen melden, die ein Kind oder einen Jugendlichen vermissen bzw. die eine Kindesentziehung bzw. -entführung ver-

muten, als auch Kinder und Jugendliche selbst, die z.B. von zu Hause weggelaufen sind und nicht mehr weiter wissen. Auch Hinweise zum Verbleib von vermissten Kinder werden unter dieser Hotline entgegengenommen.
Wichtig: Die Hotline für vermisste Kinder ersetzt nicht den polizeilichen Notruf unter der Nummer 110 bzw. den Euronotruf unter der 112. Im Notfall gilt es, sich sofort mit der Polizei über den Notruf 110 in Verbindung zu setzen bzw. die nächste Polizeidienststelle aufzusuchen.

K

Katastrophen im Ausland

Immer wieder werden Menschen nach Katastrophen wie Flugzeugunglücken, Überschwemmungen, Erdbeben oder Lawinen-Unglücken vermisst. Nach der Tsunami-Katastrophe in Südostasien im Jahre 2004 registrierten die Helfer rund 3.000 Vermisstmeldungen allein von Deutschen. Wichtiger Ansprechpartner war damals das Auswärtige Amt, das über Mitarbeiter verfügt, die sich mit der Vermisstensuche im Ausland auskennen, und über eigene Botschaften und Konsulate in allen Staaten verfügt.
Das Auswärtige Amt veröffentlichte damals im Internet spezielle Informationen für Angehörige von Vermissten, die letztlich auch bei kleineren Unglücken und Katastrophen im Ausland Anhaltspunkte für Hilfsmöglichkeiten bieten.
Nach dem Erdbeben und dem Atom-GAU in Japan im Jahre 2011 hatte das Auswärtige Amt eine Hotline geschaltet, um Deutschen zu helfen. Google bot den Betroffenen einen Treffpunkt im Netz. Der Internet-Konzern startete eine Personen-Suche in Japanisch und Englisch. Die Nutzer konnten dort eintragen, ob sie nach jemandem suchen, oder Informationen über sich oder einen anderen

Menschen eintragen möchten. Auf der Plattform konnten Suchanfragen und Hinweise ausgewertet werden.
Wenn Sie nach einem Unglück oder einer Katastrophe im Ausland einen Angehörigen vermissen, sollten Sie sich umgehend an das Auswärtige Amt wenden. Hier werden, insbesondere wenn viele Deutsche betroffen sind, die Maßnahmen koordiniert. Über das AA erhalten Sie in der Regel auch Antworten über den Verbleib der vermissten Person. Selbstverständlich geben auch Reiseveranstalter und Fluglinien Auskunft, wenn diese betroffen sind.
Nach der Tsunami-Katastrophe 2004 wurde aber auch von Privatinitiativen wie www.ganz-münchen-hilft.de eine Homepage mit vielen Informationen und Kontaktadressen ins Internet gesetzt. Das ist ein gelungenes Beispiel, wie schnelle Hilfe zur Selbsthilfe aussehen kann bei einem Unglück oder einer Katastrophe. Es gab da Informationen und Kontaktadressen zu: Auswärtiges Amt, Deutsches Rotes Kreuz, Reiseveranstalter, Seelsorgerische Betreuung der Koordinierungsstelle Nachsorge, Opfer- und Angehörigenhilfe (NOAH), Suchdienst der Deutsche Welle und der BBC, staatliche Behörden vor Ort, Service-Internetseiten von Krankenhäusern, Fremdenverkehrsbehörden der betroffenen Länder, Call-Center zur Ortung von Mobilfunkgeräten vor Ort und allgemeine Hilfsorganisationen.
Solche Stellen können Sie selbstverständlich bei Ihren Recherchen nach einem Vermissten auch direkt selbst kontaktieren.
Grundsätzlich ist das Auswärtige Amt neben der lokalen Polizeibehörde die wichtigste Kontaktstelle, wenn ein Deutscher im Ausland vermisst wird. Konsularbeamte beraten die Angehörigen des Vermissten über Möglichkeiten weiterer Nachforschungen. Sie können aber auch selbst aktiv werden und beispielsweise das dortige Außenministerium bzw. die Polizei am Urlaubsort einschalten und die Verwandten bei ihren Gesprächen mit den örtlichen Behörden unterstützen.

Das Auswärtige Amt informiert im Internet über die "Aufenthaltsermittlungen im Ausland" so: "Wenn Sie eine Person vermissen, sollten Sie zunächst eine Vermisstenanzeige bei Ihrer örtlichen Polizeidienststelle aufgeben. Bei der Feststellung des Aufenthaltes von Personen im Ausland können Ihnen die Auslandsvertretungen der Bundesrepublik Deutschland möglicherweise Wege aufzeigen, wie eine Personensuche angestoßen werden kann. Die Webseiten der Auslandsvertretungen können Sie über die Webseite des Auswärtigen Amtes aufrufen."

Katastrophen im Inland

Bei einer Katastrophe in Deutschland, etwa bei einem Flugzeug- oder Eisenbahn-Unglück, Hochwasser oder Sturmfluten, geben die örtliche Polizei oder gegebenenfalls das Innenministerium des Bundeslandes Auskunft über die Lage wie auch zur Situation verletzter oder vermisster Menschen. Nicht selten werden kurzfristig auch Sondertelefonnummern eingerichtet, die Sie über die Medien oder über die Internetseiten etwa der Polizei oder der Innenministerien erhalten. *Lesen Sie dazu auch im Kapitel Adressen: Koordinierungsstelle NOAH.*

Angehörige von Vermissten sollten im Fall einer Katastrophe aber nicht nur an die Verschwundenen, sondern auch an die eigene Gesundheit denken. Fachleute aus sozialen Berufen wissen, wie wichtig für den Angehörigen eine psychosoziale Betreuung ist. Das ist besonders bedeutend bei einer Katastrophe wie dem Tsunami in Südostasien im Jahre 2004 oder bei einem Flugzeugabsturz, nach dem Menschen nicht selten unauffindbar sind. Doch auch viele zunächst ganz normal erscheinende Vermisstenfälle bergen so viel Konfliktstoff, dass eine Beratung von Angehörigen unbedingt notwendig ist.

"Nach dem Absturz der Air-France-Maschine benötigen die Ange-

hörigen der Vermissten psychosoziale Betreuung und gleichzeitig fachkundige Beratung in administrativen Fragen. Bei der Koordinierungsstelle Nachsorge, Opfer- und Angehörigenhilfe (NOAH) des Bundesamtes für Bevölkerungsschutz und Katastrophenhilfe (BBK) gehen seit Montag Abend zunehmend Anfragen von Betroffenen ein", stellte das Bundesamt für Bevölkerungsschutz und Katastrophenhilfe 2009 nach dem Absturz eines Airbus der Air-France in einer Pressemitteilung "Psychosoziale Fachberatung für Angehörige der Airbus-Absturz-Opfer" fest.
Die Behörde erhielt viele Anfragen von Angehörigen, die jemanden nach dem Flugzeugabsturz vermissten: "Die meisten Anliegen bei den Telefonaten drehen sich um zwei Punkte: Zum einen bitten die Angehörigen um die Unterstützung durch psychosoziale Akuthelfer wie beispielsweise Notfallseelsorger oder Notfallpsychologen um die Situation des Wartens und die Zerrissenheit zwischen Hoffen und Bangen nicht alleine durchstehen zu müssen. Zum zweiten haben die Angehörigen der Vermissten administrative Hürden zu bewältigen: So müssen sie beispielsweise bei der jeweiligen örtlichen Polizeidienststelle eine Vermisstenanzeige aufgeben. Darüber hinaus müssen sie gegebenenfalls eine Abwesenheitspflegschaft beantragen, damit Bankgeschäfte, Versicherungen und andere administrative Aufgaben weitergeführt werden können. Da die Angehörigen der Vermissten enormen seelischen Belastungen ausgesetzt sind und Menschen sich im Allgemeinen nicht auf diese Aufgaben vorbereiten, benötigen sie Rat und fachkundige Hilfe."

Kindesentziehung

Eine Kindesentziehung liegt immer dann vor, wenn ein Elternteil kein Sorgerecht für ein oder mehrere Kinder besitzt und das Kind oder die Kinder mit Gewalt, Tricks oder durch Überredung an einen unbekannten Ort entführt. Es handelt sich dabei um eine Sorge-

rechtsverletzung. Sie liegt vor, wenn ein Elternteil, der nicht im Besitz der alleinigen elterlichen Sorge oder des Aufenthaltsbestimmungsrechtes ist, das gemeinsame Kind gegen den Willen des anderen Elternteils aus dessen Einflussbereich oder häufig auch ins Ausland bringt. Weil man zunächst einmal davon ausgehen kann, dass dem betroffenen Kind von dem entführenden Elternteil kein Schaden zugefügt wird, stufen die Behörden diese "Entführung" nicht gleich als besonders schwerwiegend ein.
Kindesentziehung wird bei der Polizei im Bereich der Vermisstensuche bearbeitet. Streitigkeiten der Eltern über die Ausübung des Sorgerechts sind typische Fälle von Kindesentziehungen, insbesondere wenn die Eltern aus unterschiedlichen Kulturkreisen stammen. Die der Polizei angezeigten Fälle von Kindesentziehung werden als "Vermisstenfälle" erfasst, solange eine Gefahr für die Kinder im polizeilichen Sinn nicht ausgeschlossen werden kann. In aller Regel besteht in diesen Fällen jedoch keine Gefahr für die Kinder. Der Internationale Sozialdienst *(lesen Sie dazu mehr unter Adressen: Internationaler Sozialdienst)* gibt folgende Empfehlung, was im Notfall einer Kindesentführung zu tun ist, wenn ein Kind nach einem Ausflug oder einem Wochenende bei dem anderen Elternteil oder nach einem Urlaub mit dem anderen Elternteil nicht nach Hause zurückgekehrt: Als erstes soll die Polizei unter dem Notruf 110 angerufen und Anzeige erstattet werden, damit die Polizei Fahndungsmaßnahmen ergreifen kann. Hilfreich ist es, wenn Sie folgende Informationen haben: Name, Geburtsdatum und Staatsangehörigkeit des vermissten Kindes und des anderen Elternteils; Beschreibung des Aussehens (Haarfarbe, Augenfarbe und Größe) und ggf. ein Photo; Bekleidung des vermissten Kindes; besondere körperliche Merkmale wie zum Beispiel Ohrringe, Zahnspange oder Brille; entsprechende Beschreibung des anderen Elternteils.
Anschließend sollte die EU-Hotline für die Suche nach vermissten Kindern unter Telefon 116000 (*mehr im Kapitel Adressen: Jugend-*

und Kindesnotruf 116000) informiert werden. In einem nächsten Schritt ist eventuell die Ausschreibung einer Grenzfahndung beim zuständigen Familiengericht notwendig. Der Antrag auf Grenzsperre kann beim zuständigen Amtsgericht (Familiengericht) eingereicht werden, an dem der Wohnsitz besteht. Das Gericht beschließt die Grenzsperre. Das Bundespolizeipräsidium (Heinrich-Mann-Allee 103, 14473 Potsdam) veranlasst dann die Ausschreibung des entführenden Elternteils und des Kindes im Schengen-Informationssystem (SIS) und leitet Fahndungsmaßnahmen ein.

Kirche

Sprechen Sie ruhig auch einen Vertreter Ihrer Kirche an. Bitten Sie um Unterstützung, wenn Sie nicht mehr weiterwissen. Die Kirchen ignorieren zwar auch die Vermisstenproblematik, aber das liegt meistens daran, dass man sich nicht auskennt. Mit etwas Glück findet man hier einen guten Rat oder wenigstens einmal in einem Pfarrer einen geduldigen Zuhörer. Da die Kirchen auch karitative Organisationen unterhalten, kann man Ihnen vielleicht auch dort weiterhelfen.

Krankenhäuser

In der ersten Phase des Verschwinden können die Angehörigen auch bei den Krankenhäusern des Ortes anfragen, ob die vermisste Person dort eingeliefert wurde. Es besteht immer die Möglichkeit, dass die vermisste Person bei einem Unfall verletzt und in ein Krankenhaus transportiert wurde und das Personal dort noch nicht dazu gekommen ist, die Angehörigen zu benachrichtigen. Oft haben die Patienten auch keinen Personalausweis dabei. Wenn sie so schwer verletzt sind, dass sie keinen Angaben zur Person machen können, wissen die Mitarbeiter im Krankenhaus nicht, wie sie Angehörige verständigen sollen. Beim Verschwinden psychisch Kranker sollte bei den auf solche Krankheiten spezialisierten Krankenhäusern der Umgebung nachgefragt werden, ob die vermisste Person sich vielleicht dort aufhält.

Krankenversicherung

Klären Sie unbedingt den Krankenkassen-Status für Ihre Familie. Sollte ein Vermisster, der auch Ernährer der Familie ist, seine Arbeitsstelle verlieren, werden bald auch vom Arbeitgeber keine Krankenkassen-Beiträge mehr bezahlt. Sprechen Sie also mit Ihrer Krankenkasse. In Familien sind ja häufig die Ehefrau und Kinder über den Ehemann mitversichert.
Eine Kontaktaufnahme ist allerdings auch wichtig, wenn der Vermisste allein versichert ist, denn er sollte möglichst weiterhin krankenversichert bleiben. Es kann ja passieren, dass der Vermisste einen Unfall hatte oder krank ist. Wenn die Beiträge nicht weiter bezahlt werden, erlischt die Versicherung.
Gesetzliche Krankenversicherungen lassen sich gelegentlich auf niedrige Versicherungsbeiträge für den Vermissten ein. Unter Umständen können diese Beiträge ja aus einem hinterlassenen Vermögen des Vermissten bezahlt werden. Fall Sie selbst – etwa als Ehefrau oder Ehemann – nicht berechtigt sind, eine solche Entscheidung zu fällen, bemühen Sie sich unbedingt um eine Abwesenheitspflegschaft – *lesen Sie dazu mehr unter dem entsprechenden Stichwort: Abwesenheitspflegschaft.*

Kriegsvermisste

Noch immer sind nach Informationen des DRK-Suchdienstes rund 1,2 Millionen Deutsche aus dem 2. Weltkrieg als vermisst gemeldet. Nach 1945 waren Millionen Menschen verschwunden. Der deutsche

Suchdienst München übernahm die Suche nach den Verschollenen, die bis heute andauert. Immer wieder werden noch Fälle geklärt. Pro Jahr bearbeitet der deutsche Suchdienst heute rund 13.000 neue oder erneuerte Anfragen. Hinzu kommen rund 16.000 weitere Fälle, die die Mitarbeiter von sich aus wieder aufrollen, um endlich Antworten geben zu können. Damit ist die DRK-Einrichtung neben dem Internationalen Suchdienst in Bad Arolsen, der sich vor allem auf Opfer des NS-Regimes wie ehemalige KZ-Insassen und Zwangsarbeiter konzentriert, die zweite zentrale Organisation in Deutschland, die individuelle Schicksale aus der Zeit des Zweiten Weltkriegs, seiner Vor- und Nachgeschichte zu klären versucht.

Krisenmanagement

Hilf dir selbst – sonst hilft dir keiner. Dieses Motto gilt ganz besonders für Angehörige von Vermissten. Es gilt also einen kühlen Kopf zu bewahren, was gerade für Angehörige, die von einer Stunde zur anderen vor einer seelischen und organisatorischen Katastrophe stehen, außergewöhnlich schwierig ist.
Versuchen Sie trotzdem, die neuen Anforderungen zu bewältigen. Einerseits bewahrt Sie dieses Engagement davor in eine unerträgliche Phase des Nichtstuns zu geraten. Andererseits hat Eigeninitiative nicht selten auch Erfolg bei der Suche nach der vermissten Person. Betrachten Sie Ihre Aufgaben mit möglichst kühlem Kopf als Projekt, das es abzuwickeln gilt.
Was soll ein Angehöriger tun, wenn ihm allmählich bewusst wird, dass das Kind, der Ehemann oder die Ehefrau oder eine andere, ihm nahestehende Person verschwunden ist? Normal ist es, zunächst Freunde, Schulkameraden, Arbeitskollegen, Geschwister und andere Personen zu kontaktieren, die vielleicht wissen, wo sich die vermisste Person aufhalten könnte. Schon in dieser Phase sollten Familienangehörige, Freunde oder Bekannte um Unter-

stützung gebeten werden; sie können mit Ihnen gemeinsam eine Telefonliste zusammenstellen, Nummern aus Adressverzeichnissen heraussuchen oder auch Anrufe übernehmen.

Notieren Sie sich, welche Personen ihnen welche Informationen gegeben haben. Nach einer Reihe von Anrufen ist es meist unmöglich, die Daten und Fakten bestimmten Personen zuzuordnen.

Folgende Fragen sollten Sie sich beantworten lassen: Wann hatte jemand zum letzten Mal Kontakt mit der vermissten Person? / An welchem Ort ist das gewesen? / Hat sich die Person auffällig verhalten? / Hat sie gesagt, was sie unternehmen möchte?

Wenn Sie glauben, dass es Sinn macht, bitten Sie Freunde und Bekannte, zunächst die Umgebung des Wohnortes gründlich abzusuchen, während Sie sich auf den Weg machen, bei der Polizei eine Vermisstenanzeige zu erstatten. Das sollte bei Kindern und Jugendlichen möglichst schnell, bei Erwachsenen nach reiflicher Überlegung innerhalb von 12 bis 24 Stunden erfolgen.

Wenn Sie sich auf die Suche nach der vermissten Person machen wollen, beginnen Sie am besten zu Hause: Durchsuchen Sie die Wohnung, das Haus und das Grundstück einschließlich Speicher und Keller. Gehen Sie die Wegstrecke, die eine vermisste Person möglicherweise gegangen ist, bevor sie verschwand. Der Weg von der Schule, der Arbeitsstelle, dem Kino, Theater usw. nach Hause.

Wenn ein Kind verschwunden ist, suchen Sie nach Hinweisen in seinem Zimmer. Verändern Sie aber nichts, ehe die Polizei den Raum untersucht hat. Es könnten unter Umständen Hinweise, Beweismittel oder Spuren vernichtet werden. Achten Sie also darauf, dass Sie Gegenstände im Zimmer – Notizen, Papierkorb, Brieftasche, Handtasche, Wäsche, Make-up und Schminktäschchen – nicht durcheinander bringen. Suchen Sie nach Anzeichen für eine Verbindung etwa zu Sekten oder anderen Gruppierungen wie etwa radikalen Islamismus-Gruppen, zu denen sich ihr Kind hingezogen gefühlt haben könnte.

Hinweise finden Sie unter anderem in Büchern, Zeitschriften, Sammlungen, CDs und persönlichen Sachen und Schriftstücken. Im Zeitalter des Internets finden sich Hinweise auf das Verschwinden von Kindern und Jugendlichen auch auf den Festplatten der Computer. Befragen Sie Freunde des Kindes, die Nachbarn, Verwandte und Bekannte. Suchen Sie auch Jugendtreffs, die Schule, Sportanlagen, Parks, Spielplätze, Einkaufszentren, Geschäfte, Bahnhöfe – und vor allem immer Orte auf, die der Verschwundene besonders gerne mochte. Fragen Sie auch nach Auffälligkeiten, etwa nach Erwachsenen, die sich besonders intensiv um Jugendliche oder Kinder gekümmert und vielleicht zu ihrem Kind ein besonderes Vertrauensverhältnis aufgebaut haben könnten. Möglicherweise sind es die Erwachsenen gewesen, die die Jugendlichen dazu ermuntert haben, von zu Hause wegzulaufen.
Ich erinnere mich noch an den Fall eines vermissten Jungen, der in einem kleinen Ort auf dem Land wohnte. Der Jugendtreff, in der sich der Junge häufiger aufhielt, wurde über längere Zeit von einem Mann aus Frankfurt besucht, der sich nach und nach mit den Jugendlichen anfreundete. Er schwärmte ihnen oft von einem schönen Leben in Frankfurt vor, von den vielen Möglichkeiten des Lebens in der Großstadt – und ermunterte sie, ihn zu besuchen. Eines Tages verschwand tatsächlich ein Junge und tauchte im Frankfurter Bahnhofsmilieu unter. Es dauerte Monate, bis die Recherchen der Polizei auf einen Kreis von Männern stieß, die gezielt Jugendliche vom Land angesprochen und nach Frankfurt gelockt hatten. Hier wurden sie in Wohnungen untergebracht und mit Kleidung und Essen gut versorgt und am Bahnhof auf den Homosexuellenstrich geschickt.

L

Landeskriminalamt

Während die örtliche Polizeidienststelle für die Angehörigen von Vermissten die direkten Ansprechpartner sind, arbeiten die Vermisstenstellen der Landeskriminalämter in den 16 Bundesländern eher im Hintergrund. Sie stellen die Vermisstenstatistiken zusammen, recherchieren in Fragen von unbekannten Toten, beleuchten aber auch schwierige Fälle, bei denen eventuell ein Gewaltverbrechen vermutet wird und veröffentlichen auf ihren Internetseiten vor allem Langzeitfälle unter den Vermissten. Durch die Veröffentlichung von Bildern und Daten vermisster Personen hoffen die Landeskriminalämter auf Unterstützung durch die Bevölkerung bei der Klärung von Fällen. Hinweise dazu nehmen sowohl die Vermisstenstellen der Landeskriminalämter wie auch jede andere Polizeidienststelle entgegen.

Langzeitvermisste

Ich rate den Angehörigen von Langzeitvermissten, zu versuchen ein "normales" Leben zu führen. In den ersten Monaten, im ersten Jahr des Verschwindens ist das kaum möglich. Der oder die Vermisste wird weiterhin ständig im Herzen, in den Gedanken und in den eigenen vier Wänden mit den Zurückgebliebenen wohnen. Man sollte jedoch etwas emotionale Distanz schaffen und die persönlichen Gegenstände und die Kleidung der Verschwundenen in den Keller bringen.
Nur wenn man nicht täglich erinnert wird, ist es möglich, sich in einer neuen Zukunft ohne die vermisste Person einzurichten. Auch sollte man sich immer wieder sagen, dass man sein Leben allein führen kann. Eine Trennung dieser Art schmerzt zwar, aber sie ist nicht unüberwindlich.

Da nur in einem Prozent aller Vermisstenfälle Gewalttaten Grund für das Verschwinden einer Person sind, sollte man auch davon ausgehen, dass die oder der Vermisste freiwillig – wenngleich auch nicht ohne Grund – fortgegangen ist. Versuchen Sie sich vorzustellen, dass der Vermisste auf eine lange Reise gegangen ist und irgendwann wieder heimkehrt.

M

Medien

In vielen Fällen hilft die Suche nach einem Vermissten über die Medien. Deshalb sollte man sich zumindest mit der Frage beschäftigen, ob man Medien einschalten möchte. In Einzelfällen fragt auch die Polizei die Angehörigen, ob sie eine Suche über die Medien wünschen bzw. genehmigen.
Der Umgang mit den Medien ist insbesondere für Angehörige von Vermissten nicht einfach. Daran scheitern oft auch die Profis aus Politik und Wirtschaft. Hier möchte ich kurz von einer persönlichen Erfahrung erzählen. Eine junge Frau, mit der ich schon mehrmals wegen des Verschwindens ihres Ehemannes telefoniert hatte, wollte von mir wissen, wie sie sich verhalten soll. Die Polizei beabsichtigte, das Foto ihres vermissten Mannes in den lokalen Medien zu veröffentlichen. Der Grund: Es bestand die Gefahr, dass sich der Mann etwas antun würde. Ich riet der Angehörigen zu einer Veröffentlichung, empfahl ihr aber, die minderjährige Tochter in die Entscheidungsfindung einzubeziehen.
Die Schulpflichtige würde damit rechnen müssen, dass sie von Mitschülern unter Umständen gehänselt oder "schief" angesehen würde. Es ist nicht einfach für eine Heranwachsende damit fertig zu werden, dass der Vater psychisch krank ist. Auch empfahl ich der Mutter mit der Vertrauenslehrerin ihre Tochter zu sprechen.

Eine Schule muss über solche Situationen informiert sein, und die Lehrer sollten – auch bei der Notengebung – ein wenig Rücksicht darauf nehmen, wenn sich ein Kind in einer solchen schwierigen familiären Situation befindet. Auch Schulpsychologen sind in diesen Fällen besonders gefordert, sich um die betroffenen Kinder aktiv zu kümmern und ihnen zu helfen.
Die Medien, das sind in erster Linie die lokalen und regionalen Tageszeitungen, Hörfunk- und Fernsehsender, Anzeigenblätter, Stadtmagazine, Online-Magazine und Online-Blogs. Gelegentlich interessieren sich auch überregionale Medien für ein Vermisstenschicksal, zum Beispiel, wenn die Umstände des Verschwindens mysteriös sind oder aufgrund von Hinweisen oder Ereignissen ein Verbrechen vermutet wird. Auch bei der Suche nach Kleinkindern oder verwirrten, orientierungslosen Erwachsenen veröffentlichen die Medien meist auf Anregung der Polizei Suchmeldungen.
Jeder kann sich an die Redaktion eines Mediums wenden. Man ist nicht davon abhängig, dass die Polizei einer Kontaktaufnahme zustimmt. Es gibt allerdings Redaktionen, die lehnen Veröffentlichungen von Suchmeldungen mit dem Hinweis ab, dass nur die Polizei zur Aufgabe einer solchen Mitteilung berechtigt ist. Das stimmt nicht. Wenn ein Redakteur eine Meldung oder einen Bericht über das Verschwinden eines Menschen veröffentlichen will, kann er das jederzeit tun.
Meines Erachtens ist es ein Fehler von Journalisten, sich solchen Bitten zu verweigern. Denn hinter jedem Vermisstenfall steht eine individuelle und meist auch eine für den Journalisten bzw. seine Leserinnen und Leser interessante Geschichte. Darum sollten sich natürlich Angehörigen von Vermissten gut überlegen, ob sie wirklich private Dinge in der Öffentlichkeit erzählen möchten. Die Medien neigen dazu, persönliche, menschliche Geschichten zu veröffentlichen. Gerade bei Vermisstenfällen ist die Frage nach dem persönlichen Schicksal besonders beliebt: Jeder Leser möchte

gerne wissen, warum ein Mensch verschwunden ist. Welche persönlichen Probleme führten dazu? Wie gehen die Angehörigen mit ihrem Schicksal um?
Meine Empfehlung: Notieren Sie sich vor der Kontaktaufnahme mit einer Redaktion, was sie bereit sind zu erzählen. Dazu gehören sicherlich persönliche Angaben zu der vermissten Person sowie die Umstände und Hintergründe des Verschwindens.
Die Medien interessieren sich aber auch dafür, wie die Angehörigen selbst mit dem Verlust fertig werden. Danach wird man genauso fragen wie nach Hinweisen, wo sich die vermisste Person aufhalten könnte.
Wichtig ist bei einem Interview: Erzählen Sie einem Journalisten nur das, was Sie auch veröffentlicht sehen möchten. Was ihnen zu privat oder intim ist, sollten Sie erst gar nicht erwähnen. Sonst kann Ihnen passieren, was auch schon vielen Prominenten aus Politik, Wirtschaft oder der Showwelt geschehen ist – sie finden morgens in der Zeitung Informationen veröffentlicht, die Ihrer Meinung da nicht hingehören, weil sie zu privat sind.
Es ist meist kein böser Wille, sondern oft nur ein Missverständnis, wenn Informationen veröffentlicht werden, die die Angehörigen eigentlich gar nicht veröffentlicht sehen möchten. Insbesondere aktuell arbeitende Journalisten, mit denen Sie es in der Regel zu tun haben werden, stehen oft unter großem Zeitdruck. Da wird schnell eine Bitte um Diskretion überhört.
Die Medien benötigen außerdem immer Fotos oder Videos sowohl von der vermissten Person wie auch – etwa bei einem Interview – von den Angehörigen. Wenn sie Bild- und Videomaterial haben, sollten sie möglichst nur Kopien weitergeben. Ich weiß aus eigener Erfahrung wie schnell man im Tagesgeschäft als Journalist vergisst, Unterlagen wieder zurückzuschicken.
Die Adressen der Medien finden Sie unter deren Namen im Internet. Viele Stadtverwaltungen veröffentlichen auch die Adressen

der heimischen Medien auf ihren Seiten etwa unter dem Themenbereich Wirtschaft. In Tageszeitungen, Anzeigenblättern oder Stadtmagazinen finden Sie die Adressen auch im so genannten Impressum. Sie können der jeweiligen Redaktion eine E-Mail schicken oder einen Brief und Ihre Geschichte kurz erzählen. Sie können aber auch in der Redaktion anrufen oder selbst vorbeigehen. Fragen Sie in diesen Fällen nach dem Redaktionsleiter oder der Redaktionsleiterin und sagen Sie, dass Sie Hilfe in einem Vermisstenfall suchen. Manchmal hilft die persönliche Begegnung, dass einem schnell geholfen wird. Wie in vielen anderen Situationen auch ist das persönliche Gespräch und der persönliche Eindruck, den man macht, doch sehr wichtig.
Wie wichtig eine Suche über die Medien sein kann, zeigte sich im Juli 2014. Da sorgte das Verschwinden eines 11-jährigen autistischen Jungen aus seinem Elternhaus in Hagen für Aufregung. Die Polizei suchte nicht nur in der Nachbarschaft nach dem Kind, sondern rief im Internet die Bevölkerung auf, nach dem Jungen Ausschau zu halten. Mit Erfolg. Der 11-Jährige wurde nach zwei Tagen von einer Frau am Düsseldorfer Airport entdeckt – 76 Kilometer von seinem Wohnort entfernt. Das sind die schönen Momente einer öffentlichen Vermisstensuche.

Mord, Entführung

Nicht selten ist die Sorge unter Angehörigen groß, dass das vermisste Kind, die vermisste Frau oder der vermisste Mann vielleicht einem Gewaltverbrechen zum Opfer gefallen sein könnte. Das ist nachvollziehbar, erfahren wir doch täglich von schrecklichen Verbrechen durch die Medien. Wir vermischen sehr schnell diese Wahrnehmungen von fernen Ereignissen mit unseren eigenen, aktuellen Erfahrungen, so dass sich für uns eine furchtbare "Wahrheit" entwickelt: Gefahr und Gewalt.

Ich kann alle Angehörigen zunächst beruhigen. Solange nicht konkrete Hinweise auf eine Gewalttat vorliegen, sollten Sie sich nicht unnötig sorgen. Nur in einem Prozent aller Vermisstenfälle haben wir es mit einer Gewalttat zu tun – Mord, Totschlag, Entführung. Von rund 100.000 Vermisstfällen im Jahr sind das 1.000. Dazu kommt, dass die Täter der meisten Gewalttaten innerhalb der Familie oder in deren Umfeld zu finden und meist sogenannte Beziehungstaten sind.
Ich weiß, dass der Hinweis auf diese Zahlen vielen Betroffenen nicht hilft: Die Angst ist zu groß. Aber bitte führen Sie sich vor Augen, dass es ein sehr, sehr großer Zufall sein muss, dass es ausgerechnet die von Ihnen vermisste Person ist, die einem Verbrechen zum Opfer gefallen ist. Um ein wenig sicherer zu werden und Angst abzubauen, sollten Sie sich fragen, ob es einen Hinweis auf ein Gewaltverbrechen gibt oder auch nur eine Möglichkeit zu einer Tat gegeben haben könnte. Falls Sie keinen möglichen Grund sehen, vergessen Sie bitte alle Spekulationen um ein Verbrechen.
Ernst zu nehmende Hinweise sind von dieser Art: Als ein 17-jähriges Mädchen nach einem Besuch bei ihrem Freund verschwand, machten sich auch die Kriminalexperten der Polizei sehr schnell Sorgen. Die Vermisste war zuletzt spät abends an einer Bushaltestelle beobachtet worden, wie sie trampte. Möglicherweise hatte sie den Bus verpasst oder wollte das Geld für die Beförderung sparen. In diesem Fall lag die Vermutung nahe, dass die 17-Jährige von einem Autofahrer mitgenommen und entführt oder gar ermordet worden sein könnte. Die Polizei suchte nach der Jugendlichen mit allen Kräften. Leider wurde die Schülerin wenige Wochen später in einem Waldstück einige Kilometer vom Ort ihres Verschwindens von Spaziergängern gefunden. Sie war ermordet worden. Nicht zuletzt wegen dieses Falles warne ich davor, zu trampen. Wenn die Polizei eine Gewalttat – Mord oder Entführung vermutet – bleiben die Fälle auch von Langzeitvermissten immer aktuell.

Bei neuen Hinweisen oder auch routinemäßig werden die Akten hervorgeholt. Gibt es neue Spuren, eine neue Sicht der Sachlage? Angehörige von Langzeitvermissten können sich, wann immer sie das Gefühl haben, der Vermisstenfall, hinter dem ein Verbrechen vermutet wird, könnte in Vergessenheit geraten, an das zuständige Kommissariat wenden. Sprechen Sie mit den zuständigen Polizeibeamten über neue Spuren oder Hinweise.

N

Notizen machen

Man weiß am Anfang nie, wie lange ein Vermisstenfall dauert. Notieren Sie sich darum von Anfang an alle wichtigen Inhalte von Gesprächen oder Suchmaßnahmen und vor allem die Namen Ihrer Gesprächspartner, etwa des zuständigen Polizisten bei der Vermisstenanzeige. Stellen Sie eine Akte zusammen. Besorgen Sie sich ein aktuelles Foto des Vermissten und vervielfältigen Sie es. Halten Sie für die Polizei Informationen bereit: Persönliche Daten, Beschreibung des Menschen mit körperlichen Merkmalen wie Narben oder Gebrechen, Hinweise auf Brille, Zahnklammer oder Ohrringe, Adressen von Bezugspersonen, Geburtsurkunden, Krankengeschichte, Ausweis, die Adresse des Arztes, bei dem man sich Zahnabdrücke und Röntgenbilder beschaffen kann. Schreiben Sie auch auf, welche Kleidung die vermisste Person vor dem Verschwinden getragen hat. *Mehr Informationen finden Sie unter dem Stichwort: Vermisst-Anzeige.*
Wenn es die technische Ausstattung erlaubt, sollte immer eine Telefonleitung frei bleiben und bei Abwesenheit mit einem Anrufbeantworter verbunden sein. Ist ein Kind oder Jugendlicher verschwunden, ist es ratsam, dass immer jemand, zu dem der Vermisste Vertrauen hat, in Rufbereitschaft ist. Scheuen Sie auch nicht davor

zurück, sich immer wieder bei der Polizei nach dem neuesten Stand der Suche zu erkundigen oder neue Erkenntnisse an diese weiterzugeben.

Notruf 110

Rufen Sie unter der Notrufnummer 110 sofort an, wenn es um ein vermisstes Kleinkind geht. Bei etwas älteren Kindern oder vermissten Jugendlichen wie auch bei Erwachsenen hängt es vom Einzelfall ab, wann ein Anruf notwendig ist. In jedem Fall sollten Sie die Telefonnummer 110 wählen, wenn sich nach Ihrer Einschätzung ein Angehöriger in Gefahr befindet oder ihm eine Gefahr droht. Das kann der Fall sein, wenn ein Vermisster beispielsweise vor seinem Verschwinden gedroht hat, sich zu töten.

O

Obdachlosenmillieu

Manche vermisste Menschen stranden in der Obdachlosen-Szene. Nicht selten verschwinden diese Menschen, weil sie psychische Probleme haben. Das kann jeden treffen – den Rechtsanwalt, dem die Arbeit über den Kopf wächst, den Manager mit Burn-out, den Studenten mit extremen Prüfungsängsten. Eine Mutter berichtete mir einmal, dass ihr in München lebender Sohn zweitweise in Obdachlosenasylen wohnte, dann jedoch wieder in eine fast bürgerliche Existenz wechselte.
Wer es für möglich hält, dass ein vermisster Angehöriger in der Obdachlosen-Szene eingetaucht sein könnte, sollte sich mit der Bitte um Unterstützung an die Helfer-Organisationen wenden, die in den Städten und Gemeinden Obdachlose betreuen. Das sind etwa die Tafel-Vereine, die Bahnhofsmission oder Obdachlosen-Initiativen.

Manche Initiativen, vor allem in den Großstädten, geben auch eigene Zeitungen heraus, die in der Regel monatlich erscheinen und von Obdachlosen auf den Straßen verkauft werden. Hier empfehle ich, die Herausgeber anzusprechen, ob man vielleicht eine Anzeige aufgeben kann, in der man den Vermissten mit einem Kosewort oder Spitznamen in der Überschrift anspricht und ihn bittet sich zu melden und ein Lebenszeichen zu geben, weil man sich Sorgen macht. Auch vermisste Jugendliche landen gelegentlich in der Obdachlosen-Szene.

Opfer von Gewalttaten

In Einzelfällen können heimgekehrte Vermisste, denen Gewalt angetan wurde, wie auch Angehörige von Vermissten nach besonderen Belastung Unterstützung nach dem Opferentschädigungsgesetz erhalten. Zuständig für Anträge sind die Versorgungsämter in den Städten und Gemeinden. Es kommt beispielsweise gelegentlich vor, dass Menschen für einige Tage entführt werden und dann zunächst als vermisst gelten. Wenn Vermisste während dieser Tat vergewaltigt wurden oder ihnen auf andere Art Gewalt angetan wurde, sollten sie nach ihrer Rückkehr dringend Beratung suchen.
So wurde beispielsweise eine 13-jährige Dresdner Gymnasiastin im Januar 2006 entführt und 36 Tage eingekerkert. Ihr Peiniger vergewaltigte sie mehr als 100 Mal. Bei solchen schweren Straftaten können die Opfer die Kosten für Heilbehandlungen nach dem Opferentschädigungsgesetz finanziert oder im Einzelfall auch eine Rente bekommen.
Opfer von Gewalttaten leiden oft an körperlichen, seelischen wie auch an wirtschaftlichen Folgen, heißt es in einem "Merkblatt Trauma-Ambulanzen in Bremen" des Amtes für Versorgung in Bremen. Das Gesetz über die Entschädigung für Opfer von Gewalttaten

(OEG) regelt danach auf Antrag individuelle Leistungen wie Heil- und Krankenbehandlung bis zur Gewährung einer Beschädigten- bzw. Hinterbliebenenrente.
Nach einer körperlichen oder psychischen Gewalterfahrung können in Einzelfällen Symptome starker psychischer Belastung wie Niedergeschlagenheit, Alpträume, Ängste, Unruhe oder Flashbacks auftreten. Diese gehören zunächst zu einer normalen Stressreaktion. Manchmal halten diese Symptome aber länger an und führen im schlimmsten Falle zu Folgeerkrankungen wie z.B. einer Posttraumatische Belastungsstörung oder Depressionen.
Die unmittelbare Zeit nach einem erfahrenen Trauma ist für viele Betroffene sehr belastend. Die Trauma-Ambulanzen bieten dabei die notwendige Unterstützung an.
In Betracht kommen insbesondere Fälle mit Kapitalverbrechen (Überfall, schwere Körperverletzung), mit sexuellen Gewalttaten oder mit sogenannten Schockschäden (z.B. Tatzeuge von Mord, Totschlag und schwerer Körperverletzung).
Das Angebot der Trauma-Ambulanzen umfasst im Einzelnen: Aufklärung und Beratung über Traumata und mögliche Traumafolgen, Hilfe im Umgang mit dieser besonderen Lebenssituation, Diagnostik vorhandener Symptome und weitergehende Empfehlung, Kriseninteryention und Akutmaßnahmen zur Stabilisierung, psychotherapeutische Akut-Behandlung, Vermittlung weiterer Hilfsangebote. Das Angebot ist für die Betroffenen kostenfrei.
Kostenlose Beratung von Gewaltopfern bieten auch die ehrenamtlichen Helfer des Weißen Rings *(siehe Adressen: Weißer Ring)* oder die Versorgungsämter der Städte und Gemeinden.

Opferentschädigungsgesetz

In rund 1.000 Fällen jährlich sind vermisst gemeldete Menschen Opfer von Gewalttaten geworden – zum Beispiel im Rahmen von

Entführungen. Das Opferentschädigungsgesetz (OEG) ist nach Meinung der Opferschutzorganisation "Weißer Ring" "eines der wichtigsten Gesetze für Opfer von vorsätzlichen Straftaten, die durch die Tat körperliche oder seelische Verletzungen erlitten haben".
Der Leistungskatalog umfasst von der Kostenübernahme von Behandlungsmaßnahmen über Therapien bis zu möglichen Rentenleistungen verschiedene Entschädigungsmöglichkeiten.
Wer Opfer eines vorsätzlichen, rechtswidrigen tätlichen Angriffs oder durch dessen rechtmäßige Abwehr verletzt wird und dadurch eine gesundheitliche Schädigung erlitten hat, erhält unter bestimmten Voraussetzungen Leistungen nach dem OEG. Denn Opfer von Verbrechen erleiden häufig nicht nur eine körperliche Beeinträchtigung. Im Zusammenhang damit müssen oft auch wirtschaftliche Einbußen in ganz erheblichem Umfang hingenommen werden. Auch Hinterbliebene und Eltern haben nach dem Gesetz unter bestimmten Voraussetzungen Anspruch auf Leistungen nach dem Opferentschädigungsgesetz.
Der Antrag muss innerhalb eines Jahres nach dem schädigenden Ereignis beim Versorgungsamt der Stadt gestellt werden; dann werden Leistungen rückwirkend ab Schädigungstag gewährt. Bei späterer Antragstellung werden Leistungen ab Antragsmonat gewährt. Anträge können nicht nur Bundesbürger, sondern auch Bürger von EU-Staaten, Ausländer, in deren Heimatland deutschen Staatsangehörigen der gleiche Schutz gewährt wird, Bürger anderer Staaten, die sich rechtmäßig nicht nur vorübergehend für längstens 6 Monate im Bundesgebiet aufhalten.
Die Leistungen nach dem OEG sind sehr vielfältig und werden in jedem Einzelfall durch die Versorgungsämter genau geprüft. Folgende Unterstützungen sieht das OEG u.a. vor: Heilbehandlung, ambulante, ärztliche und zahnärztliche Behandlung, Versorgung von Hilfsmitteln, Versorgungskrankengeld bei schädigungsbedingter Arbeitsunfähigkeit, Grundrente, Pflegezulage oder auch

Witwen- und Waisenversorgung. Weitere Informationen gibt es bei den Versorgungsämtern der Städte und Gemeinden.

P

Partnerschaften

Viele Menschen leben heute in freien Partnerschaften oder Lebensgemeinschaften, ohne dass sie Absprachen getroffen haben, was im Fall einer schweren Erkrankung oder gar einer Vermisst-Situation zu tun ist. Auch haben die Partner selten eine Vollmacht für das Konto des Partners. Das kann zu größten Schwierigkeiten führen.

Die Lebensgefährtin eines Vermissten, der Schwierigkeiten an seinem Arbeitsplatz hatte, wandte sich in einer besonders schwierigen Situation an mich. Der Vermisste war bereits mehrere Wochen verschwunden. Man befürchtete, dass er sich das Leben genommen hatte.

Das Paar hatte gemeinsam ein Haus gekauft, monatlich wurden die Darlehensraten jeweils zu 50 Prozent von den Konten der beiden abgebucht. Die Frau besaß keine Vollmacht für das Konto des Partners.

Darüber hinaus lebte in dem gemeinsamen Haushalt noch die 10-jährige Tochter des Mannes. Das Kind hatte er mit in die Beziehung eingebracht. Ein Kontakt zur leiblichen Mutter bestand nicht mehr. Die Frau stand nun mit einem "fremden" Kind und mit Schulden allein da.

Niemand hatte ihr einen Rat geben können, was sie tun könnte. Ich empfahl ihr, unbedingt eine Abwesenheitspflegschaft *(siehe Stichwort: Abwesenheitspflegschaft)* zu beantragen, so dass das Sorgerecht für das Kind und auch die Darlehens-Fragen für das Haus geklärt werden konnten.

Pkw

Das Fahrzeug einer vermissten Person ist unter zwei Aspekten von Bedeutung. Immer wieder nehmen Menschen, die untertauchen, ihren Pkw mit. Teilen Sie das bei einer Vermisstenanzeige der Polizei mit. Die Polizei gibt diesen Hinweis dann in ihr Fahndungssystem ein. Wenn Sie ein Vermisstplakat anfertigen können Sie auch ein Foto des Wagens mitveröffentlichen.
Die Angehörigen müssen dann noch entscheiden, ob sie die Versicherung und Steuer für das Fahrzeug weiter bezahlen. Ist genug Geld auf dem Bankkonto des Vermissten ist es vermutlich kein Problem, die Zahlungen weiterlaufen zu lassen. Falls das Geld knapp ist, haben Sie natürlich ein Problem. Stände ich vor einer solchen Entscheidung, würde ich nach ein oder zwei Monaten des Verschwindens das Fahrzeug abmelden.
Falls ein Vermisster seinen Wagen zurückgelassen hat, stehen Angehörige vor der Frage, was sie mit dem Fahrzeug machen sollen. Wenn Sie Kosten sparen müssen, melden sie den Wagen am besten umgehend bei der Versicherung und der Pkw-Zulassungsstelle ab.

Plakat, Flugblätter

Bei der Suche im öffentlichen Raum sind Vermisst-Plakate und -Flugblätter oft sinnvoll. Die meisten dieser Handzettel haben DIN-A-4-Größe, und auf ihnen steht in großen Buchstaben: "Vermisst!" Darunter befindet sich ein möglichst aktuelles Foto der vermissten Person. Wenn Sie ein eigenes Vermisst-Flugblatt herstellen, sollten Sie eine Telefonnummer angeben, unter der Sie entweder immer zu erreichen sind oder unter der ein Anrufbeantworter für den Fall Ihrer Abwesenheit eingerichtet ist. Wichtig ist es auch, die Telefonnummer der örtlichen Polizei mit anzugeben. Schildern Sie in einem kurzen Text auch besondere Merkmale wie die zuletzt getragene Kleidung, Verhaltensweisen der Person oder

Umstände des Verschwindens. Im Internet finden Sie viele Fotos von Vermisst-Plakaten, an deren Inhalte Sie sich orientieren können. Besonders empfehlenswert sind dabei Plakate, die von der Polizei herausgegeben wurden.
Hängen Sie die Handzettel oder Plakate in der Gegend aus, wo sich die vermisste Person zuletzt aufgehalten haben könnte, sowie an Plätzen mit viel Publikumsverkehr wie Bahnhöfe, Bus- und Staßenbahn-Haltestellen, Einkaufszentren etc. Bei privaten Gebäuden wie zum Beispiel Kaufhäusern benötigen Sie die Genehmigung der Geschäftsleitung. Bitten Sie gegebenenfalls auch Taxi- und Busfahrer, ein Suchplakat in ihren Fahrzeugen anzubringen.
Man kann auch seinen eigenen Pkw und den von Freunden und Bekannten zu "fahrenden Werbeflächen" machen. Hängen Sie einfach von innen das Vermisst-Plakat an die Fensterscheibe.

Politiker

Politiker Ihres Stadtteils und Ihrer Gemeinde sind ebenfalls gute Ansprechpartner – sie wollen ja von Ihnen irgendwann einmal wiedergewählt werden. Wenden Sie sich mit der Bitte um Unterstützung auch an die für Ihren Stadtteil zuständigen Ratsmitglieder. Sie verfügen meist über gute Beziehungen zur Stadt- oder Gemeindeverwaltung und können Ihnen so manche Tür öffnen und vielleicht auch den einen oder anderen Rat geben. Die Adressen der Ratsmitglieder erhalten Sie über die Stadtverwaltung (telefonisch oder im Internet) oder über die Geschäftsstellen der Parteien.
Helfen können gelegentlich auch die Abgeordneten der Landtage und des Bundestages sowie die Geschäftsstellen der in den Parlamenten vertretenen Parteien. Die Adressen liegen ebenfalls bei der Stadt- oder Gemeindeverwaltung vor.

Polizei

Grundsätzlich ist die örtliche Polizei für eine Vermisstenanzeige zuständig. Wenden Sie sich an die nächste Polizeistation in Ihrem Ort oder Stadtteil, und man wird Ihnen weiterhelfen. Falls Sie über einen Internetanschluss verfügen, können Sie ein Formular für die Vermisstanzeige auch auf der Webseite der saarländischen Polizei downloaden *(siehe Anhang: Formular Vermisstenregistrierung)*.
Man muss aber wissen, dass die Polizei nur in Einzelfällen aktiv sucht, in den weitaus meisten Fällen findet wenn überhaupt nur eine Registrierung des Vermissten statt. Dabei handelt es sich um eine Fahndungsausschreibung im "Informationssystem der Polizei" (INPOL). Hier werden die Personalien vermisster Personen erfasst und damit zur "Fahndung" ausgeschrieben. Auf dieses System haben alle deutschen Polizeidienststellen Zugriff. Wird die Person im Rahmen einer polizeilichen Kontrolle überprüft, kann festgestellt werden, dass sie vermisst wird und welche Polizeidienststelle den Vorgang bearbeitet.
Die Schilderungen des Anzeigenerstatters dienen der Polizei als Grundlage für die Einschätzung der Gesamtsituation. Bei unmittelbarer Gefahr für Leib oder Leben eines Vermissten (z.B. Selbstmord-Drohung) oder bei vermissten Kindern wird die Polizei dann eine – teilweise groß angelegte – Suchmaßnahme einleiten.
Um eine großflächige Suche durchführen zu können, reicht sehr oft das Personal der örtlichen Polizei nicht aus. Deshalb werden in der Regel alle verfügbaren Kräfte aus den Hundertschaften der Bereitschaftspolizei und bei weiterem Bedarf auch die Hundertschaften anderer Bundesländer oder der Bundespolizei alarmiert. Die lokalen Rettungsdienste (Rotes Kreuz, Feuerwehr, THW) verfügen über die erforderliche Ortskenntnis und sind daher ebenfalls unverzichtbar. Der Einsatz von Suchhunden, Hubschraubern mit Wärmebildkamera oder weiterem technischem Gerät ist bei schlecht zugänglichem Terrain oder während der Nacht ebenfalls denkbar.

Zuständig für die Sachbearbeitung einer Vermissten-Angelegenheit, auch für die Erhebung von Identifizierungsmaterial, ist grundsätzlich die Polizeidienststelle, in deren Bereich die vermisste Person ihren Wohnsitz oder letzten Aufenthaltsort hatte.
Eine Person gilt aus polizeilicher Sicht als vermisst, wenn sie aus unerklärlichen Gründen von ihrem gewohnten Aufenthaltsort fern bleibt und in der Regel von Angehörigen oder Bekannten bei der Polizei als vermisst gemeldet wird.
Sofern eine Gefahrenlage gegeben ist, erfolgt die Fahndung zunächst in der Regel mit dem Ziel der "Aufenthaltsermittlung". Wird der Aufenthaltsort des Vermissten festgestellt, wird die Person befragt, ob sie mit der Nennung ihres Aufenthaltsorts den Angehörigen gegenüber einverstanden ist. Die Angehörigen/Bekannten werden entsprechend dem Wunsch des Vermissten (mit oder ohne Bekanntgabe des Aufenthaltsorts) informiert. Sofern die Person wohlauf ist, sie nicht Opfer einer strafbaren Handlung wurde und sie keine strafbaren Handlungen begangen hat, hat sich der Fall für die Polizei mit der Ermittlung des Aufenthaltsortes erledigt.
Es passiert allerdings immer wieder, dass erwachsene Vermisste der Polizei verbieten, dass die Angehörigen informiert werden. Daran muss sich die Polizei dann halten.
Das trifft allerdings nicht zu auf minderjährige Personen im Alter bis zu 18 Jahren. Sie dürfen ihren Aufenthaltsort nicht selbst bestimmen. Bei ihnen wird grundsätzlich von einer Gefahr für Leib oder Leben ausgegangen. Sie gelten für die Polizei bereits als vermisst, wenn sie ihren gewohnten Lebenskreis verlassen haben und ihr Aufenthalt nicht bekannt ist. Vermisste Minderjährige werden, wenn die Polizei sie antrifft, solange in staatliche Obhut, z.B. in eine Jugend-Einrichtung, genommen, bis sie nach Hause gebracht werden können.
Nicht immer wird allerdings eine erwachsene Person, die Angehörige vermissen, auch bei der Polizei registriert. Deshalb ist die

Dunkelziffer auch sehr hoch. Denn Erwachsene, die im Vollbesitz ihrer geistigen und körperlichen Kräfte sind, haben das Recht, ihren Aufenthaltsort frei zu wählen, auch ohne diesen den Angehörigen oder Freunden mitzuteilen. Es ist daher nicht Aufgabe der Polizei, Aufenthaltsermittlungen durchzuführen, wenn die oben beschriebene Gefahr für Leib oder Leben nicht vorliegt.
Ich rate Angehörigen, die vielleicht bei einem ersten Gang zur Polizei wegen der geschilderten Gründe abgewiesen wurden, unbedingt nach einiger Zeit noch einmal den Versuch zu unternehmen eine Vermisstenanzeige aufzugeben. Manchmal hat man ja auch neue Erkenntnisse, die dann eine Vermisstmeldung rechtfertigen. Mir ist es schon passiert, dass sich ein Seniorenehepaar an mich wandte, weil es mehrere Jahre den erwachsenen Sohn vermisste. Eine Vermisstmeldung war wegen der oben geschilderten gesetzlichen Vorgaben zunächst von der Polizei abgelehnt worden. Mehrere Jahre waren nun vergangen, und als das Ehepaar bei mir um Rat fragte, schickte ich es noch einmal zur Polizei, um eine Vermisstmeldung aufzugeben. Der Vermisstfall wurde registriert und nach einiger Zeit stellte sich dann heraus, dass der Sohn als sogenannte "unbekannte Leiche" bei der Polizei in einem Mittelmeerstaat registriert war. Erst durch die Vermisstmeldung erst konnte die Identität festgestellt werden.

Pressemitteilung

Wenn Sie sich an eine Redaktion der örtlichen Tageszeitung oder von Internet-, Hörfunk- oder Fernsehmagazinen wenden, erleichtert es den Redakteuren die Arbeit, wenn Sie bereits eine kleine Pressemitteilung oder Notizen mit einigen Daten und Fakten vorbereitet haben. Vielleicht haben Sie in Ihrem Bekanntenkreis jemanden, der sich zutraut sie zu formulieren. Doch auch Sie selbst können die wichtigsten Fakten zu einem Text bündeln, wenn Sie

sich an den 5 W's orientieren. Eine Pressemitteilung sollte in einem gebräuchlichen Stil geschrieben und leicht zu lesen sein. Die Sätze sollten kurz und prägnant sein. Zeitungsredakteure raten "wo immer man einen Punkt setzen kann, sollte man einen Punkt setzen". Das erleichtert das Lesen ungemein. Eine zu laxe Sprache schadet ebenfalls der Seriosität der Pressemitteilung. Geben Sie den Text gerne auch unterschiedlichen Personen zur Korrektur. So vermeiden Sie Fehler oder Ungenauigkeiten.
Eine solche Meldung ist die kürzeste Form einer Nachricht über ein Ereignis oder die Äußerungen von Personen. Bei der Meldung müssen die so genannten 5 W-Fragen beantwortet werden: wer, wo, wann, was, warum.

Und so fangen Sie an:
Wer: Name, Alter der vermissten Person, aber auch Angaben zu Ihrer eigenen Person.
Wo: Wohnort und der Ort, wo die Vermisste oder der Vermisste zuletzt gesehen wurde.
Wann: Hinweis zum Zeitpunkt des Verschwindens.
Was: Welche Kleidung trug die Person? Ist sie mit einem Pkw unterwegs?
Warum: Welche besonderen Umstände führten zum Verschwinden der Person? Krankheit? Sorgen?

Sehr private Hinweise müssen Sie selbstverständlich nicht nennen. Sie können aber in einer solchen Pressemitteilung auch schreiben, dass Sie sich große Sorgen machen, oder den Vermissten direkt ansprechen, sich bei Ihnen zu melden.
Vergessen Sie nicht, eine Kontaktmöglichkeit für Hinweisgeber zu notieren, etwa eine Mobilnummer. *Lesen Sie mehr dazu unter dem Stichwort: Handy.*

Prozessfinanzierung

Gelegentlich haben Angehörige finanzielle Forderungen an eine vermisste Person, verfügen selbst aber nicht über die finanziellen Mittel, um einen Prozess zu führen. Das trifft zum Beispiel bei Wirtschaftsflüchtigen oder auch Steuerbetrügern zu, die nach Unterschlagungen oder Betrügereien untertauchen und sich in einem Land niederlassen, das keine Auslieferungsverträge mit der Bundesrepublik geschlossen hat.
Sollte es bei den Forderungen der Angehörigen um viel Geld gehen und kennt man den Aufenthaltsort der zunächst vermissten Person im Ausland, hilft unter Umständen eine Prozessfinanzierung weiter. Es gibt internationale Rechtsanwaltbüros, die darauf spezialisiert sind. Dabei werden die Kosten für das Verfahren komplett übernommen. Durch die Prozessfinanzierung haben Betroffene eine risikolose Chance, Ihren Prozess zu führen. Die Voraussetzungen für eine Prozessfinanzierung sind in der Regel: Die geltend gemachte Forderung beträgt mindestens 100.000 Euro, die Erfolgsaussichten der Klage liegen bei mehr als 50 Prozent und die Bonität des Beklagten ist gesichert. Der Prozessfinanzierer trägt alle anfallenden Prozesskosten gegen eine Beteiligung am Erlös der Klage. Diese Erlösbeteiligung wird nur fällig, wenn ein Prozess vor Gericht gewonnen wird. Ansonsten entstehen den Angehörigen keine Kosten.

Prozesskostenhilfe

Im Zusammenhang mit Vermisstenfällen kann es gelegentlich auch zu Rechtsstreitigkeiten kommen. Ein Rechtsstreit vor einem Gericht kostet Geld. Wer eine Klage erheben will, muss für das Verfahren in der Regel Gerichtskosten zahlen. Schreibt das Gesetz eine anwaltliche Vertretung vor oder ist aus sonstigen Gründen anwaltliche Vertretung notwendig, kommen die Kosten für diese hinzu.

Entsprechende Kosten entstehen einer Partei, die sich gegen eine Klage verteidigt.
In einem konkreten Vermisstenfall passierte es, dass eine Frau, die in der Wohnung ihres Lebensgefährten gewohnt und den gemeinsamen Haushalt geführt und ihn bei seiner freiberuflichen Tätigkeit unterstützt hatte, bei dessen Verschwinden ohne Einkommen dastand. Der von ihr eingeschaltete Abwesenheitspfleger verweigerte der Frau u.a. eine finanzielle Unterstützung bzw. Vergütung für ihre berufliche Tätigkeit für ihren Freund aus dem Vermögen des Vermissten. Da die Lebensgefährtin kein Geld besaß, nahm sie zunächst eine kostenlose Beratungshilfe (*siehe Stichwort*) und anschließend Prozesskostenhilfe mit Unterstützung einer Rechtsanwältin in Anspruch.
Im "Hinweisblatt zum Vordruck für die Erklärung über die persönlichen und wirtschaftlichen Verhältnisse bei Prozesskostenhilfe" heißt es über die Aufgabe der Prozesskostenhilfe: "Die Prozesskostenhilfe will Parteien, die diese Kosten nicht aufbringen können, die Verfolgung oder Verteidigung ihrer Rechte ermöglichen."
Wer erhält Prozesskostenhilfe? Dazu schreibt das Gesetz vor: "Eine Partei, die nach ihren persönlichen und wirtschaftlichen Verhältnissen die Kosten der Prozessführung nicht, nur zum Teil oder nur in Raten aufbringen kann, erhält auf Antrag Prozesskostenhilfe, wenn die beabsichtigte Rechtsverfolgung oder Rechtsverteidigung hinreichende Aussicht auf Erfolg bietet und nicht mutwillig erscheint."
Einen Anspruch auf Prozesskostenhilfe hat danach, wer einen Prozess führen muss und die dafür erforderlichen Kosten nicht aufbringen kann und nach Einschätzung des Gerichts nicht nur geringe Aussichten hat, den Prozess zu gewinnen. Ein Anspruch auf Prozesskostenhilfe besteht nicht, wenn eine Rechtsschutzversicherung oder eine andere Stelle die Kosten übernimmt.

Psychotherapie

Angehörige von Vermissten benötigen Gespräche, um mit ihren Gefühlen und Verzweiflungen fertig zu werden. Da kann ein Psychologe oder eine Psychotherapeutin helfen. Die meisten kennen sich zwar mit der Situation von Angehörigen von Vermissten nicht aus, weil es dazu auch keine Forschung oder Fachliteratur gibt, aber man kann Ihnen helfen, die wichtigen Fragen ihrer psychischen Situation zu klären.

Wie kann ich mein Alltagsleben und meinen Beruf schaffen, ohne immer an die vermisste Person zu denken? Wie kann ich ruhiger werden? Wie kann ich vermeiden, dass ich die ganze Nacht wach im Bett liege und grübel?

Ich kenne einige Angehörige von Vermissten, die lange Zeit sehr stark waren, doch nach und nach merkten, wie die Vermisst-Situation sie mehr und mehr belastete. Einige haben schließlich sogar die Stadt gewechselt, um nicht täglich an die Vermisste oder den Vermissten erinnert zu werden. Manche Menschen mussten sich in ärztliche Behandlung begeben.

In größeren Städten gibt es sozialpsychologische Ambulanzen, in denen man Ihnen helfen kann. Diese Einrichtungen in den Städten und Gemeinden sind auch für Vermissten-Situationen zuständig, auch wenn niemand das in seinen Tätigkeitskatalog geschrieben hat. Lassen Sie sich nicht abwimmeln mit dem Hinweis, man wäre nicht zuständig und Sie sollten sich an die Polizei wenden. Schreiben Sie in solchen Fällen direkt an den Oberbürgermeister oder den Verwaltungschef und bitten Sie um Unterstützung.

Darüber hinaus können Sie Ihre Krankenkasse fragen, wie sie kurzfristig Unterstützung etwa durch eine Psychotherapie bekommen können. Es gibt unterschiedliche psychotherapeutische Verfahren. Die gesetzliche Krankenversicherung übernimmt die Kosten für analytische Psychotherapie, tiefenpsychologisch fundierte Psychotherapie und Verhaltenstherapie. In einem Vorgespräch mit einem

Psychologen oder Psychotherapeuten kann festgelegt werden, welche Therapie sinnvoll ist. Die Wartezeiten betragen allerdings oft Monate. Versuchen Sie wenigstens im Akutfall einige Sitzungen zu bekommen. Ohnehin haben Patienten die Möglichkeiten zunächst in einige Sitzungen den Weg einer Therapie auszuprobieren.

Q, R

Rente

Das Verschwinden eines Rentenbeziehers ist der Deutschen Rentenversicherung zu melden. Das kann im Einzelfall zu erheblichen Problemen führen. So musste die Ehefrau eines auf Mallorca spurlos verschwundenen Rentners nicht nur damit fertig werden, von einem Tag zum anderen den Mann verloren zu haben. Die 73-Jährige stand bei ihrer Rückkehr aus Spanien vor der Pleite: Die Rente des Ehemannes, rund 1.500 Euro, wurde nicht mehr weitergezahlt. Die Rentenzahlungen, die sie ab dem Tag, an dem ihr Mann verschwand, noch in voller Höhe erhalten hatte, musste die Frau zurückzahlen. Sie bekam im ersten Jahr lediglich einen Vorschuss in Höhe von monatlich 500 Euro auf einen später genehmigtes Witwengeld.
Es gibt allerdings zu den Rentenansprüchen einige Gerichtsurteile. Am besten lassen sich betroffene Angehörige von einem Anwalt beraten. So urteilte das Sozialgericht Trier 2008, dass die gesetzliche Rentenversicherung einem Rentner, der seit einem Jahr verschollen ist, nicht die Rente streichen darf. Die Rente dürfe in solchen Fällen nicht gestrichen werden, solange nicht feststehe, dass der Betroffene nicht mehr lebe oder förmlich für tot erklärt worden sei. Bloße Vermutungen genügten jedenfalls nicht (Beschluss vom 16.10.2008 Az.: S 3 ER 85/08 R). Das Gericht verpflichtete mit seinem Spruch einen Rentenversicherungsträger, weiterhin Rente auszuzahlen.

Rundruf

Starten Sie zeitnah zum Verschwinden einer Person einen Rundruf: Rufen Sie Verwandte, Bekannte, Arbeitskollegen oder Freunde des Vermissten an. Vielleicht können diese Hinweise über den Verbleib geben und – falls es notwendig ist – bei der Suche helfen. Erkundigen Sie sich, ob Ihnen etwas Ungewöhnliches an dem Verhalten des Gesuchten aufgefallen ist. Persönliche Aufzeichnungen oder Adressbücher können Hinweise enthalten, denen Sie nachgehen können. Sicherheitshalber kann auch in den Krankenhäusern der Stadt nachgefragt werden, ob der Angehörige vielleicht nach einem Unfall eingeliefert wurde. *Lesen Sie auch unter dem Stichwort: Krisenmanagement.*

S

Scham

Ich weise auf diese Empfindungen aus gutem Grund hin. In unserer Gesellschaft empfindet man bei dem Verlust eines Familienangehörigen, etwa durch Scheidung oder Verschwinden große Scham. Die Daheimgebliebenen haben das Gefühl versagt zu haben. Immer wieder haben mir Angehörige erzählt, dass sie sich irgendwie schämen. Sie fühlten eine Schuld, weil sie glauben, mögliche Hinweise nicht erkannt oder ignoriert zu haben.
Scham entsteht u.a. wenn man das Gefühl verspürt gegen gesellschaftliche Normen und Regeln verstoßen zu haben. Wenn der Ehemann, die Ehefrau oder ein Kind verschwindet, wird eine solche Normalität gestört. Viele fühlen sich dafür verantwortlich und schämen sich.
Angehörige fühlen sich überdies im Freundes- und Bekanntenkreis und in der Nachbarschaft bloßgestellt. Sie werden gefragt, wie es zu der Krise kommen konnte und sehen sich plötzlich gezwungen,

sich vor Nachbarn, Arbeitskollegen, Polizisten u.a. zu rechtfertigen. Angehörige sollten zwar darüber nachdenken, wie es zu dem Verschwinden der Person gekommen ist. Doch geht es nicht darum Schuldvorwürfe und Selbstzweifel zu formulieren. Eine nüchterne Bestandsaufnahme machen ist gut. Darüber hinaus sollte man die Aufarbeitung des Vermisst-Ereignisses auf die Heimkehr der Vermissten verschieben. *Lesen Sie mehr unter dem Stichwort: Heimkehr.*

Schulden

Menschen, die große Schulden haben, sollten sich an eine Schuldnerberatung wenden. Grund für ein Verschwinden von Menschen ist nicht selten auch Geldnot und so kommt es, dass Angehörige von einem Tag zum anderen mit dieser "Hinterlassenschaft" allein klarkommen müssen. Angehörige geraten in finanzielle Not, weil plötzlich der Ernährer der Familie nicht mehr da ist und so das Familieneinkommen fehlt. Bevor einem die Schulden über den Kopf wachsen, sollte man sich an eine professionelle Schuldnerberatung wenden. In vielen Kommunen in Deutschland gibt es diese Einrichtungen.

Schuldgefühle

In meinen Gesprächen mit Angehörigen von Vermissten habe ich oft gehört, das man sich schuldig fühlt, dass man sich mit Fragen quält, ob man selbst schuld sein könnte, dass jemand verschwunden ist. In der Tat sind Angehörige nicht immer unschuldig am Verschwinden von Menschen. Wenn Frauen, Männer oder Kinder von Eltern oder Lebenspartnern geschlagen und misshandelt oder vielleicht auch "nur" durch regelmäßige Wutausbrüche, ungerechtfertigte Vorwürfe u.a. geradezu aus dem Haus getrieben werden.

Solche Hinweise, die auf persönliche Schuld schließen lassen, hat man mir nur selten mitgeteilt, was ich gut verstehen kann und akzeptiere. Doch auch wenn es keine Statistiken zu diesem Thema gibt, bin ich davon überzeugt, dass ein Großteil der Angehörigen sich nicht mit "Schuld" beladen fühlen sollte. Zum Verschwinden von Menschen führen viele Ursachen – die wenigsten sind bei den Angehörigen zu finden.
Sicherlich sollte man sich – in aller Ehrlichkeit – entweder mit einem Freund oder Vertrautem oder einem Psychologen oder Psychotherapeuten über die Frage einer persönlichen Schuld auseinandersetzen. Doch man sollte das nicht zum Dauerthema machen, da das nicht weiterhilft.
Das bedeutet, dass man sich für die Klärung der Schuldfrage sicher einige Tage oder Wochen Zeit nehmen, dann aber auch zu einem Ergebnis kommen und damit abschließen sollte. Die Energie steckt man besser in die Bewältigung des Alltags, in die Stärkung der eigenen Kräfte und – falls es Sinn macht – in die Suche nach der vermissten Person.

Selbstbestimmung

Ich habe ja bereits unter dem Stichwort Grundgesetz geschrieben, dass jeder Bundesbürger ein Grundrecht hat, sich dort aufzuhalten, wo er möchte und dorthin zu gehen, wohin er möchte.
Manchmal tauchen beispielsweise Frauen oder Mädchen unter, weil Ihnen zuhause Gewalt angetan wird und wenden sich dann an ein Frauenhaus, wo sie sich zunächst anonym aufhalten können.
Diese Maßnahmen haben mein volles Verständnis und deswegen möchte ich auch den Ausschnitt eines Briefes hier veröffentlichen, den mir eine vermisste und in einem Frauenhaus untergetauchte Frau schrieb: "Lieber Herr Jamin, ich respektiere Ihr Engagement für ein hehres Ziel, aber bitte versuchen Sie auch die Gegenseite

zu verstehen! Auch ich wurde von meinem damaligen Ehemann als vermisst gemeldet. Die Polizei suchte mich. Sie fand mich und respektierte meinen Wunsch, meinem Mann nur zu sagen, dass es mir gut geht und nicht, wo ich bin. Ich war auf der Flucht vor ihm. Er war ein Schläger und Trinker, völlig unberechenbar. Er bedrohte Freunde, um sie zu zwingen, ihm meinen Aufenthaltsort zu nennen. Ich war zu meinem Schutz im Frauenhaus, hatte schwere Verletzungen, die er mir zugefügt hatte. Er weiß bis heute nicht, wo ich wohne. Ich wäre wahrscheinlich tot, wenn er es wüsste. Bitte berücksichtigen Sie auch das, wenn Sie mehr Befugnisse für die 'Angehörigen' fordern! Es gibt immer zwei Seiten der Sicht auf die Dinge. Die informationelle Selbstbestimmung hat auch eine Schutzfunktion!"

Selbsttötung

In Deutschland sterben nach offiziellen Statistiken jedes Jahr rund 10.000 Menschen durch Suizid. Hinzu kommt noch eine hohe Dunkelziffer von Suiziden und Suizidversuchen, die in keiner Statistik aufgeführt sind. Vielfach verschwindet ein Suizidgefährdeter aus seinem normalen Lebensbereich, um sich an einem anderen Ort zu töten.
Angehörige von Vermissten, die bei diesem einen Suizid befürchten, sollten nicht aus Scham schweigen, sondern das unbedingt der Polizei bei der Vermisstmeldung mitteilen. Denn ein drohender Suizid verpflichtet die Polizei zur aktiven Suche nach dem Verschwunden. Sollte sich die vermisste Person bereits in ärztlicher Behandlung befinden, sollte eine Stellungnahme des Arztes besorgt werden.
Allerdings kann es auch zu spontanen Suizidhandlungen kommen. Auch das sollte man der Polizei mitteilen. Auslöser für suizidale Krisen können durch Ereignisse wie etwa die Kündigung eines

Arbeitsplatzes, Androhung einer Scheidung oder auch Mobbing am Arbeitsplatz oder Lebenskrisen durch Verlust, Trennung, Konflikte und traumatische Erfahrungen sein. Risikofaktoren für Suizid und suizidales Verhalten sind aber auch psychische Erkrankungen wie Depressionen, Alkoholismus und der Gebrauch anderer Suchtmittel sowie körperliche Erkrankungen. Diese Erkrankungen und suizidale Krisen können oft nicht ohne fremde Hilfe überwunden werden.
Es sollte nach Rückkehr eines Vermissten unbedingt professionelle Hilfe gesucht werden.
Darüber hinaus kann es auch passieren, dass Angehörige von Vermissten an Suizid denken, weil sie sich so sehr verlassen und einsam fühlen. Insbesondere auf Angehörige von Langzeitvermissten kann das zutreffen. Ich rate dringend: Lassen Sie sich helfen.
In Akutsituationen finden Sie Unterstützung bei der Telefonseelsorge – *lesen Sie dazu mehr im Kapitel Adressen: Telefonseelsorge sowie unter dem Stichwort: Suizidgedanken.*

Signale hinterfragen

Gelegentlich geben Ausstiegswillige Hinweise, die wie Hilferufe klingen und als solche beachtet werden sollten. "Ich halte es nicht mehr aus", "Ich hau' ab" oder auch "Ich bring' mich um" sollten nicht nur als spontane Gefühlsäußerung betrachtet, sondern als Hinweis auf eine mögliche psychische Krisensituation berücksichtigt werden.
Angehörige, Freunde oder Arbeitskollegen sollten hinhören und darauf im Gespräch mit der betroffenen Person eingehen und das Problem hinterfragen. Falls ein Mensch bereits vermisst wird und man sich an solche Äußerungen im Vorfeld seines Verschwindens erinnert, sollte man sich fragen, ob vielleicht schon ein Hinweis auf einen Ort gegeben wurde.
"Ich wandere nach Australien aus", "Ich beginne ein neues Leben

auf Mallorca", aber auch "Ich geh' in den Rhein" können solche Hinweise sein. Sie bieten Anhaltspunkte für die Suche.

Sozialbehörde

Fragen Sie bei Problemen die Sozialbehörde der Stadt- oder Gemeindeverwaltungen. Scheuen Sie sich nicht, sich etwa an das Sozialamt zu wenden. Auch wenn man sich bei den Stadt- und Gemeindeverwaltungen kaum mit der Vermisstproblematik auskennt und es dort noch keine speziell ausgebildeten Vermisst-Berater gibt, so kann man Ihnen zumindest in Einzelfragen behilflich sein. Lassen Sie sich nicht mit der Begründung abweisen, die Polizei und nicht die Stadtverwaltung sei zuständig. Die Polizei ist aufgrund ihrer personellen Situation und fehlender Ausbildung in der Regel meist auch nicht in der Lage, den Angehörigen von Vermissten umfassend in sozialen Fragen zu helfen.

Suchhelfer

Es gibt eine Reihe von Firmen und Organisationen, die sich als Helfer bei der Vermisstensuche anbieten. Neben Wahrsagern und Detektiven, auf die ich gesondert eingehe, gibt es beispielsweise Angebote von Tauchunternehmen, die etwa Leichen in Gewässern suchen, oder Hundevereine, die ausgebildete Spürhunde bei einer Vermisstensuche einsetzen.
Der Auftrag für eine Suche wird meist von der Polizei erteilt. Aber auch Privatpersonen können eine Suche initiieren – und müssen sie letztlich dann auch bezahlen. Gemeinsam mit der Polizei kann man den Suchbereich eingrenzen, um Menschen, Tiere und Technik möglichst effektiv einzusetzen. Denn die Suchaktivitäten sind in der Regel kostspielig.
Ich gebe hier keine konkreten Empfehlungen zu einzelnen Firmen

etc. Recherchieren Sie am besten im Internet unter den Stichworten Taucherfirmen oder Suchhundestaffel.

Suchmaßnahmen

Falls die Polizei nicht tätig wird, können selbstverständlich Angehörige eigene Suchmaßnahmen ergreifen. Dazu gehören als wichtigste Maßnahmen das Verteilen von Vermisst-Flugblättern und der Kontakt zur lokalen Presse, aber auch die Unterstützung der Suche, etwa durch Taucher oder Rettungshundeführern.
Ich selbst habe beispielsweise in einem Fall zu einer aktiven Suche in einem Waldgebiet geraten. Die Angehörigen einer vermissten Frau meldeten sich bei meinem Vermisstentelefon und baten um Unterstützung. Ich riet den Angehörigen, eine Suchaktion in dem Gebiet zu starten, das die Frau voraussichtlich zuletzt mit ihrem Fahrrad passiert hatte. Ich empfahl das, weil ich der Meinung bin, dass in Vermisst-Situationen die Angehörigen, die dazu in der Lage sind, unbedingt jede Chance zur Eigeninitiative ergreifen sollten. Dazu gehört auch eine großräumige Suche. Ich empfahl der Familie auch den Kontakt zur örtlichen Presse, die über die Suchaktion berichtete und das Foto der Vermissten veröffentlichte.
Die Angehörige der vermissten Frau organisierten jedenfalls eine Suchtrupp von etwa 50 Personen; sogar der Hausarzt beteiligte sich. An einem Sonntag zogen die Leute in Gruppen von zwei bis drei Personen los und durchstreiften jeweils ein Gebiet, das vorher für jedes Team festgelegt worden war. Hier suchten die Helfer nach der Vermissten oder nach Hinweisen auf ihr Verschwinden. Darüber hinaus hefteten sie an gut sichtbaren Stellen – etwa Laternenpfählen oder Bäumen am Wegesrand – extra für die Suche angefertigte Vermisstplakate mit dem Foto der Frau an.
Die Aktion zeigte aam Tag der Suche nicht den gewünschten Erfolg. Die Helfer brachten nicht einen Hinweis mit. Doch wenige

Tage später entdeckten Spaziergänger die Vermisste. Sie waren durch die Berichterstattung in den Medien und durch die Vermisstplakate auf den Fall aufmerksam gemacht worden. Als sie im Gebüsch ziemlich versteckt ein Fahrrad bemerkten, suchten die Passanten eigenständig die Umgebung ab und fanden die Schwerverletzte. Sie war Opfer eines Überfalls geworden, als sie mit ihrem Fahrrad durch das Waldgebiet fuhr. Tagelang lag die Frau schwer verletzt und bewegungsunfähig im Gebüsch.

Suizidgedanken

Manchmal halten es Angehörige von Vermissten nicht mehr aus. Sie haben so große Schuldgefühle, ihre Qualen und ihre Verzweiflung sind so groß, dass sie bereit sind, sich selbst zu töten. Leider geschieht das immer wieder. So verkraftete beispielsweise ein Junge nicht mehr die Situation in seiner Familie nach dem Verschwinden der kleinen Schwester und tötete sich.

Wer so niedergeschlagen ist, dass er als einzigen Ausweg den Suizid sieht, sollte dringend Hilfe suchen. Der Hausarzt kann sicherlich eine Empfehlung für einen Therapeuten geben. Doch in aktuellen Krisen hilft die Telefonseelsorge. Haben Sie keine Scheu, dort anzurufen. Ich kenne mehrere Angehörige, die regelmäßig diesen kostenlosen Dienst in Anspruch nehmen, wenn sie völlig fertig sind und nicht mehr weiterwissen. Die Mitarbeiter an der Hotline sind geschult, stehen Tag und Nacht für ein Gespräch zur Verfügung. Vor allem nachts, wenn die Einsamkeit und Hilflosigkeit besonders groß ist, ist dieses Angebot besonders wichtig.

Meine große Bitte: Rufen Sie die Telefonseelsorge an, wenn Sie daran denken, sich das Leben zu nehmen. Ein Menschenleben ist zu wichtig, als dass man ihm nicht noch wenigstens ein Gespräch schenken sollte. *Mehr Informationen finden sie unter Adressen: Telefonseelsorge.*

T

Todeserklärung

Der Volksmund spricht von einer "Für-tot-Erklärung" oder "Todeserklärung", die Justiz von "Verschollenheit" und einem entsprechenden "Aufgebot" durch ein Gericht. Der Zustand der Verschollenheit eines Menschen wird nach den Bestimmungen des Verschollenheitsgesetzes angenommen, wenn seit längerer Zeit keine Nachricht von seinem Weiterleben vorliegt und ernstliche Zweifel an seinem Fortleben begründet sind. Dies kann z.B. durch Unfälle, Naturkatastrophen oder kriegerische Ereignisse, in die die betroffene Person geraten ist, begründet sein.
Ziel des Verfahrens ist es, die mit dem Tod eines Menschen verbundenen so genannten Rechtsfolgen (z.B. Auflösung der Ehe, Eintritt des Erbfalles, Eintragung in das Sterberegister) auszulösen, obgleich keine eindeutige Gewissheit über den Tod des Betroffenen zu erzielen ist, jedoch gewichtige Tatsachen dafür sprechen, dass er das Ereignis nicht überlebt hat.
Das Verschollenheitsgesetz (*siehe Stichwort*) regelt hierfür Zeit- und Altersgrenzen und das Verfahren, bei deren Vorliegen der Betroffene für tot erklärt werden kann. Die Todeserklärung selbst erfolgt in einem auf Antrag bestimmter Berechtigter (u.a. des Staatsanwalts oder des Ehegatten) eingeleiteten Aufgebotsverfahren vor dem Amtsgericht. Durch einen Gerichtsbeschluss wird die vermisste Person für tot erklärt und der Todeszeitpunkt festgestellt.
Unter Umständen kann eine solche Todeserklärung den Angehörigen sogar helfen, Gewissheit über den Verbleib eines Vermissten zu erhalten. Denn im Rahmen einer offiziellen Todeserklärung wird eine gründliche Prüfung durch das Gericht vorgenommen. Dabei würde sich unter Umständen auch herausstellen, wenn eine vermisste Person noch lebt und etwa einen Personalausweis und Pass

während der Zeit des Vermisstseins beantragt und gleichzeitig die Behörde angewiesen hat, den Angehörigen nicht über den Verbleib seiner Person zu informieren. Das ist rechtlich nämlich möglich. *(Siehe Stichwort: Verschwiegenheitspflicht)*. In diesem Fall könnte das Gericht eine Todeserklärung nicht ausstellen und die Angehörigen eines Vermissten würden so zumindest erfahren, dass der Vermisste noch lebt, aber keinen Kontakt wünscht. Das ist keine große Hilfe, aber immerhin ein Lebenszeichen.
Eine solche Möglichkeit würde ich in Betracht ziehen, wenn ein Vermisster etwa aus wirtschaftlichen Gründen oder Abenteuerlust die Familie oder den Partner verlassen hat. Man sollte sich auch darüber klar sein, dass eine solche Maßnahme für Angehörige eine schwierige Entscheidung ist. Schließlich läßt man den Vermissten im Rahmen eines solchen Verfahrens symbolisch "sterben". Viele Angehörige sind dazu auch nach Jahrzehnten des Verschwindens einer Person nicht in der Lage. Dafür habe ich großes Verständnis. Allerdings ist eine Todeserklärung auch eine Chance, vielleicht mit dem Verschwinden eines Menschen abschließen zu können, etwas Ruhe zu finden. So entschlossen sich etwa die Eltern einer vermissten 19-Jährigen zu einer Verschollenheits-Erklärung. 13 Jahre lang wurde die junge Frau vermisst. Für die Familie war es der verzweifelte Versuch, einen Schlussstrich zu ziehen und einen Weg in ein halbwegs normales Familienleben zu finden.

Trampen

Vor dem Trampen kann man vor allem junge Mädchen und Frauen nicht oft genug warnen. Immer wieder werden Tramperinnen vergewaltigt oder gar ermordet. Ich kenne mehrere Vermisst-Fälle, die sich als Verbrechen herausgestellt haben.
So hatte ich beispielsweise auch lange Zeit Kontakt zu den Eltern eines Jugendlichen, der gemeinsam mit seiner Freunden in Austra-

lien während eines Backpacker-Urlaubs verschwunden war. Die Eltern engagierten sich bei der Suche in Australien selbst mit aller Kraft, gaben Interviews, traten in Talkshows auf und recherchierten die Reise der Kinder selbst nach. Erfolg hatten sie leider nicht. Angehörige, die nach jemanden suchen, der getrampt ist, möchte ich vor dem Hintergrund solcher Erfahrungen raten, einer öffentlichen Suche durch die Polizei zuzustimmen oder selbst auch über Medien und eigene Suchaktionen nach den Vermissten zu suchen – falls nicht besondere Gründe dagegen sprechen. Im Fall von mutmaßlichen Gewalttaten helfen auch Fernsehsendungen wie "Aktenzeichen XY" in der ARD oder "Kripo live" des MDR. Lesen Sie mehr unter dem Stichwörtern: Mord, Entführung.

Trauer

Der Verlust eines Menschen schmerzt und die Ungewissheit, was mit der Vermissten passiert sein könnte, quält einen – doch wie man mit diesen Gefühlen umgehen soll, wissen die meisten nicht. Trauern Sie – zunächst sicherlich nicht in dem Bewusstsein, einen Menschen für immer zu verlieren. Helfen Sie sich damit, dass Sie daran denken, dass die vermisste Person auf eine Reise gegangenen ist und wieder heimkehren wird. Die meisten Vermissten, das zeigt die Statistik der Polizei, kehren ja auch wieder nach Hause zurück.
Die Mutter einer vermissten Studentin erzählte mir einmal, dass ihre Gedanken unaufhörlich zu jeder Tageszeit um die Situation ihres Kindes kreisen. Der Schmerz bringt mich fast um, klagte sie. Es war ihr nicht möglich einmal "abzuschalten", tief Luft zu holen und an etwas anderes zu denken. Selbst bei einem Spaziergang zur Entspannung sah die Mutter hinter Büschen und Bäumen nach, ob ihr Kind möglicherweise dort ermordet liegen könnte.
Ich weiß, wie groß die Qualen mancher Angehörigen sind. Auch

wer sehr verzweifelt ist, sollte doch versuchen, mit seinem Leid umzugehen und sie "in den Griff" zu bekommen.
Trauern bedeutet im Althochdeutschen "truren" und dazu gibt es eine etymologische Verbindung zur "kraftlos herabsinken", "beruhigen" und "träge". Lassen Sie es zu, eine zeitlang keine Kraft zu haben. Versuchen Sie sich zu beruhigen und schöpfen Sie aus der Ruhe wieder Stärke. Denken Sie danach über nächste Schritte nach – was Sie tun möchten? Aktiv suchen? Abwarten? Jemanden bei konkreten Problemen um Rat fragen?
Sind Ihre Trauergefühle sehr stark oder können Sie mit ihnen nicht umgehen, sollten Sie Hilfe suchen. Psychologen und Psychotherapeuten bieten Gesprächstherapien zur Trauerbewältigung an. Recherchieren Sie nach Adressen im Internet oder fragen Sie Ihre Krankenkasse. Auch der psychosoziale Dienst Ihrer Stadt- oder Gemeindeverwaltung kann in dieser Frage helfen. Sie müssen allerdings damit rechnen, dass es eine längere Wartezeit gibt. Versuchen Sie zunächst zu erreichen, dass man mit ihnen kurzfristig wenigstens zwei oder drei Sitzungen macht. Wenn Sie mit Ihrer Trauer umgehen können, sind Sie besser in der Lage aktiv zu handeln.

U

Unbekannte Tote

In Deutschland, aber auch in allen anderen Ländern dieser Welt gibt es bei der Polizei eine lange Liste mit unbekannten Toten, dessen Identität nicht festgestellt werden konnte. Die Leichen werden oft jahrzehntelang aufbewahrt. Durch die Eingabe der Daten einer vermissten Person in das Informationssystem der Polizei, INPOL, erfolgt automatisch die Aufnahme in die Datei "Vermisste/ Unbekannte Tote". Ziel dieser Datei ist es, durch einen rechner-

gestützten Vergleich über die Beschreibung der Person und die Umstände des Falles Zusammenhänge zwischen vermissten Personen und unbekannten Leichen zu erkennen.
Wird bei einer Recherche in der Datei "Vermisste/Unbekannte Tote" festgestellt, dass eine unbekannte Leiche mit einer vermissten Person identisch sein könnte, werden die beteiligten Dienststellen informiert. Sie führen einen direkten Abgleich der Beschreibungsmerkmale der unbekannten Leiche mit der vermissten Person durch. Reichen die vorhandenen Merkmale für eine zweifelsfreie Identifizierung nicht aus, erfolgt ein DNA-Abgleich. Ist die Identität eines Vermissten mit einer unbekannten Leiche nachgewiesen, werden die Angehörigen benachrichtigt. Alle Daten des Vermissten bzw. der unbekannten Leiche werden aus der Datei gelöscht. Die Datei enthält grundsätzlich nur aktuelle Fälle.

Ungewissheit und Verzweiflung

Am schlimmsten ist die Ungewissheit. Dieses Satz hört man von allen Angehörigen von Vermissten. Und es ist leider typisch für Vermisstenfälle: Alles ist möglich, nichts weiß man. Die Ungewissheit ist groß – und damit die Verzweiflung. Ich empfehle allen Angehörigen sich unbedingt mit diesen Fragen auseinanderzusetzen – etwa im Gespräch mit kompetenten Verwandten, Freunden, einem Priester oder auch mit einem Psychologen oder Psychotherapeuten.
"An ihrer jahrelangen Ungewissheit drohen viele Eltern zu zerbrechen", stellte einmal die Vorsitzende der Kinderkommission des Bundestags, Michaela Noll (CDU). "Die Vorstellungen und Bilder über das, was passiert sein könnte, werden zur Qual." Es sei wichtig, die Eltern zu unterstützen und ihnen "den notwendigen seelischen Halt zu geben".
"Für Angehörige von vermissten Personen zieht sich das Sterben des Vermissten in einer Endlosschleife zwischen trostloser Selbst-

vergewisserung und keimender Hoffnung hin. Der Tod hat immer wieder ein offenes Ende. Je mehr die Ungewissheit steigt, umso mehr sträuben sich die vermissenden Angehörigen und umso unmöglicher ist es für sie, die Abwesenheit eines Vermissten als sein Gestorbensein zu begreifen. Denn: Der Tod hat ja schließlich (noch) kein Gesicht und (noch) keine Gestalt. Für Angehörige und enge Freunde ist in der ersten Zeit die vermisste Person nicht wirklich tot. Sie klammern sich an ein Wunder fest, von welchem sehr vereinzelt tatsächlich in der Presse zu lesen ist. Von daher finden sie auch entsprechende vorzeitige Trauergottesdienste oder Abschiedsrituale pietätlos und empörend. Sie wollen noch nicht trauern. Wenn sich der Vermisste doch noch melden würde, wollen sie ihm nicht erzählen müssen, sie hätten ihn schon aufgegeben gehabt", schreibt der Münchner Prälat Josef Obermaier in seiner "Handreichung für die Seelsorge – Zur Unterstützung der Angehörigen von Vermissten".
Dieses Papier wurde nach der Tsunami-Flutkatastrophe im Jahre 2004 geschrieben: "Angehörige neigen dazu, die Wohnung, in der sie mit dem Vermissten gelebt haben, über einen langen Zeitraum hinweg im bisherigen Zustand zu belassen. Sie mögen sich nicht von seinen persönlichen Gegenständen und Kleidungsstücken trennen, da sie ihn dadurch symbolisch in Vergessenheit geraten, d. h. sterben lassen, obwohl er vielleicht noch lebt: 'Wer soll denn sonst noch an den Vermissten glauben, wenn nicht ich?' – Eine Erlösung und ein Loslassen von diesem verzweifelten Festhalten bahnt sich erst dann an, wenn sich die Angehörigen selbst die Erlaubnis geben oder wenn sie von einer glaubwürdigen Instanz die Erlaubnis erhalten haben, den Vermissten sterben zu lassen."
Die Angehörigen sind völlig verzweifelt – und doch erwartet man von ihnen, dass sie einen klaren Kopf behalten und unter Umständen sogar umfassende Such- und andere Maßnahmen ergreifen. Dabei ist der Zustand der "Verzweiflung" – der mit der Vorstellung

von völliger Hoffnungslosigkeit oder vom eigenen Unvermögen einhergeht – der höchste Affekt von Angst oder Schmerz. Ein Mensch in einer solchen Verfassung ist nicht mehr in der Lage, wohl überlegt zu entscheiden, welche Maßnahme wirklich richtig und sinnvoll ist. Er ergreift jedes Mittel, von dem er glaubt, dass es hilft. Dazu kommt, dass die Menschen im Umfeld der Betroffenen oft abweisend reagieren, weil sie diesen schrecklichen Zustand der Hilflosigkeit selbst nicht ertragen können; schließlich heißt es ja auch: Verzweiflung steckt an.

V

Vermisst-Anzeige Formular

Normalerweise wird eine Vermisstmeldung bei der Polizei aufgenommen und ein entsprechendes Formular ausgefüllt. Die Art und Weise des Vorgehens ist von Bundesland zu Bundesland unterschiedlich, da die Polizeiarbeit "Ländersache" ist.
Das Ministerium für Inneres und Europaangelegenheiten und die Polizei des Saarlands haben jedoch ein "Datenblatt zur Vorbereitung auf einen Vermisstenfall" entwickelt. Es soll bei der Suche und Identifizierung von vermissten Menschen helfen. *(Siehe auch Anhang: Formular Vermisstregistrierung)*.
Die Polizei Saarland schreibt: "So werden bereits im Vorfeld des Vermisstseins persönliche Daten dokumentiert, die der Polizei im Vermisstenfall schnell und unbürokratisch zur Verfügung gestellt werden können. (...) Das Datenblatt ersetzt nicht die persönliche Anzeige bei der Polizei. Wenn Sie Vermisstenanzeige erstatten, bringen Sie das Datenblatt bitte mit."
Dieses Formular hilft allen Angehörigen, die eine Vermisstmeldung bei der Polizei machen möchten. In der Regel ist es ja so, dass Angehörige erst nach einer Wartezeit von etwa 12 bis 24 Stunden

überhaupt bei der Polizei eine Vermisstmeldung aufgeben können. Es gibt keine starren Vorschriften, aber Erfahrungswerte. Ausgenommen sind natürlich Fälle, wo eine aktuelle Notfallsituation vorliegt, etwa die Entführung eines kleinen Kindes oder ähnliche Situationen. Die "Wartezeit" können Angehörige nutzen, um selbst nach der Vermissten zu suchen und auch, um das Vermisst-Formular auszufüllen.

Vermisst-Anzeige im Internet

Angehörige können auch eine Vermisstenanzeige per E-Mail machen. Die Polizei in Nordrhein-Westfalen schreibt dazu unter www.polizei.nrw.de: "Wenn Sie eine Vermisstenmeldung machen möchten, ist dies zurzeit elektronisch nur über E-Mail möglich, da die Internetwache außer Betrieb ist. Bevor Sie uns Ihre Anzeige per E-Mail senden, lesen Sie bitte folgenden Hinweis: Daten, die über das Internet per E-Mail übertragen werden, können unter Umständen von Unberechtigten mitgelesen werden. Eine Verschlüsselung Ihrer E-Mail ist zurzeit nicht möglich, da eine formularbasierte Übermittlung Ihrer Information/Daten nicht zur Verfügung steht. Sollten Sie vertrauliche Daten bzw. Informationen übermitteln wollen, wenden Sie sich bitte an Ihre nächste Polizeidienststelle." Ich rate Angehörigen, sich wegen einer Verlustanzeige direkt an die nächste Polizeidienststelle zu wenden.

Vermisst-Anzeige in Deutschland

Wer eine Person vermisst, sich über ihren Verbleib Sorgen macht, weil er vielleicht einem Verbrechen zum Opfer gefallen sein könnte oder aufgrund besonderer persönlicher Umstände (Krankheiten wie Demenz oder Unfälle) nicht heimgekehrt sein könnte, sollte die Polizei am Wohnort des Vermissten per Telefon oder in der

nächstgelegenen Polizeiwache kontaktieren. Dort wird, wenn ein Vermisstenfall vorliegt, eine Registrierung veranlasst.
Damit die Polizei nach einer vermissten Person fahnden kann, müssen folgende Voraussetzungen gegeben sein: Die vermisste Person hält sich nicht mehr in ihrem gewohnten Lebensumfeld auf, ihr Aufenthaltsort ist unbekannt und sie ist vermutlich in Gefahr (z.B. weil sie Opfer einer Straftat geworden sein könnte). Bei Minderjährigen oder kranken Personen geht die Polizei grundsätzlich von einer Gefahr für Leib oder Leben aus.
Die Polizei registriert allerdings keine erwachsenen Personen, die im Vollbesitz ihrer geistigen und körperlichen Kräfte sind. Sie wird erst tätig, wenn sie vermutet, dass diese in Gefahr sein könnten. Andernfalls darf die Polizei keine Suche einleiten, da es grundsätzlich jedem Erwachsenen zusteht, seinen Aufenthaltsort frei zu wählen, ohne Freunde oder Verwandte darüber zu informieren.
Lesen Sie mehr dazu unter dem Stichwort: Grundgesetz.
Geht die Polizei jedoch von einer Gefahr für Leib oder Leben aus, versucht sie als Erstes festzustellen, wo sich die vermisste Person aufhält. Hat sie den Vermissten gefunden, darf die Polizei den Aufenthaltsort nur mit dessen Zustimmung weitergeben. Will die ehemals vermisste Person nicht, dass jemand erfährt, wo sie sich gerade aufhält, darf die Polizei die Adresse niemandem mitteilen.

Vermisst-Anzeige in Österreich

In Österreich ist das Vermisstenthema übrigens Chefsache. Hier bietet das Bundeskanzleramt, Abteilung I/13 – E-Government – Programm- und Projektmanagement, in Wien gemeinsam mit der Help-Redaktion der "Wiener Zeitung" folgende Informationen zu einer sogenannten Abgängigkeitsanzeige, also der Vermisstenanzeige: "Eine Abgängigkeitsanzeige einer vermissten Person kann bei der Polizei des Wohnortes bzw. letzten Aufenthaltsortes der

Abgängigen/des Abgängigen erstattet werden. Für die Anzeige ist es notwendig, über persönliche Merkmale (z.B. Körpergröße, Aussehen, Kleidung), den Freundes- und Bekanntenkreis, Beruf, Hobbys der Vermissten/des Vermissten Bescheid zu wissen und eventuell über ein Lichtbild zu verfügen.

Aufgrund der Abgängigkeitsanzeige wird eine Fahndung eingeleitet. Fahndungsmaßnahmen bei Abgängigen werden unverzüglich gesetzt. So wird etwa die abgängige Person in das nationale Fahndungssystem (EKIS) eingespeichert. Damit verbunden ist die automatische Übernahme der Fahndung in das Schengener Fahndungssystem (SIS), an dem sich derzeit bereits 28 Staaten beteiligen.

Allgemeine Informationen: Wenn jemand aus Ihrem Umfeld abgängig ist und Sie befürchten, dass ihr/ihm etwas zugestoßen sein könnte, sollten Sie auf jeden Fall eine Abgängigkeitsanzeige (auch: Vermisstenanzeige) machen. Sie sollten Angaben zu persönlichen Merkmalen (Körpergröße, Aussehen, Kleidung) der Abgängigen/des Abgängigen machen können sowie über ein möglichst aktuelles Lichtbild verfügen. Auch Angaben über Freundeskreis, Beruf, Hobbys und dergleichen helfen weiter. Der Name der Vermissten/des Vermissten wird bis zu ihrer/seiner Auffindung im Polizeicomputer gespeichert.

Zuständige Stelle: Das Kriminalkommissariat am Wohnort bzw. am letzten Aufenthaltsort der Abgängigen/des Abgängigen. Wenn der letzte Wohnort/Aufenthaltsort nicht bekannt ist, kann grundsätzlich bei jeder Sicherheitsdienststelle Anzeige erstattet werden.

Verfahrensablauf: Bei abgängigen Erwachsenen wird in der Regel 24 Stunden bis zur Einleitung einer Fahndung gewartet, da sich viele Vermisstenfälle in dieser Zeit von selbst klären. Die Fahndung wird jedoch sofort eingeleitet, wenn Kinder oder Jugendliche abgängig sind, ein Verbrechen oder Unfall befürchtet werden muss oder die Abgängige/der Abgängige Selbstmordabsichten geäußert hat.

Tipp: Wenn die gesuchte Person nicht von einer Bergtour zurückgekehrt ist, sollte zuallererst die zuständige Bergrettung verständigt werden.
Achtung: Wenn die gesuchte Person aufgefunden wird oder sich meldet, sollte dies sofort der Sicherheitsdienststelle, bei der die Abgängigkeitsanzeige aufgegeben wurde, gemeldet werden!
Erforderliche Unterlagen: Eigener Lichtbildausweis der Anzeigenden/des Anzeigenden. Wenn vorhanden: Lichtbild der Abgängigen/des Abgängigen, Personenstandsurkunden der Abgängigen/des Abgängigen. Stand: 26.02.2013, Abgenommen durch: Bundeskanzleramt – HELP-Redaktion."

Vermisst-Broschüre des Bundeskriminalamtes

Das Bundeskriminalamt hat eine Broschüre zum Thema Vermisste veröffentlicht. Sie kann kostenlos hier aus dem Internet heruntergeladen werden: **http://www.bka.de/nn_206014/SharedDocs/Downloads/DE/ThemenABisZ/Vermisstensachbearbeitung/vermisstensachbearbeitungInfobroschuere.html**

Vermisst-Initiativen

Bei Recherchen im Internet findet man etliche Vermisst-Initiativen – meist von Privatleuten oder Vereinen. Ich empfehle außer der Initiative Vermisste-Kinder.de keine weitere Organisation. Es gibt etliche Anbieter, über die entweder Detektive Kundschaft suchen oder Privatpersonen vorrangig um Spenden werben. Etliche "Helfer" haben nicht viel mehr gemacht, als ein paar Informationen vor allem von Langzeitvermissten auf ihre eigenen Vermisst-Internetseiten zu übertragen.
Ich rate dazu, bei Vermisst-Helfern im Internet kritisch zu hinterfragen, wie gearbeitet wird und welche Ziele die Gruppen haben.

Grundsätzlich sollte eine Bezahlung wie auch eine Spendenüberweisung abgelehnt werden. Auf der Internetseite für die angebliche Suche nach Kindern und Jugendlichen habe ich beispielsweise die Werbung für ein Kredit an prominenter Stelle gesehen. Man wird dort direkt zu einem Kreditunternehmen weitergeleitet. Seien Sie vorsichtig, wenn Sie überlegen, einen Kredit für die Bezahlung einer Vermisstensuche aufzunehmen. Beraten Sie sich in solchen Fällen möglichst mit der Polizei.

Vermisste Kinder

Wenn die Polizei nach Kindern und Jugendlichen sucht, wird nicht selten das ganze Repertoire kriminalistischer Fahndungsmethoden angewandt. Besonders intensiv ist die Suche in den ersten Tagen nach dem Verschwinden des Vermissten. So investierte beispielsweise eine Sonderkommission rund 13.000 Arbeitsstunden in die Suche nach einem vermissten 15-jährigen. Die Stunden kommen schnell zusammen, wenn eine Hundertschaft Wälder und Wiesen durchstreift, wenn Polizeireiter, Hundestaffeln, Tauchergruppen und Hubschrauber zum Einsatz kommen. Das Bundeskriminalamt veranlasste in dem speziellen Fall auch eine Auslandsfahndung, u.a. in den Niederlanden, Belgien, der Schweiz und Österreich. Es wurden über 60 Spuren verfolgt. Das bedeutet: Es werden Zeugen befragt, Verdächtige vernommen, Spuren und Hinweise interpretiert und schließlich werden alle Maßnahmen noch genau protokolliert.
Es gibt einen ganzen Katalog von Maßnahmen, die bei Vermisstenfällen zu treffen sind; manches kann auch ein Angehöriger selbst tun. Neben der Fahndung und Ausschreibung zur Personenfahndung wird zunächst eine Suche im häuslichen Umfeld durchgeführt, um Hinweise darauf zu erlangen, die auf ein Motiv für das Verschwinden oder auf den aktuellen Aufenthaltsort des Vermiss-

ten schließen lassen. Außerdem will man damit ausschließen, dass sich etwa Kinder oder Jugendliche vielleicht noch im häuslichen Bereich verborgen halten oder einen Unfall hatten und nur noch nicht von den Angehörigen entdeckt wurden.
Die Polizei hat ihre Erfahrungen gemacht. Immer wieder kommt es vor, dass die gesamte Fahndungs-Maschinerie der Polizei auf Hochtouren läuft – und das vermisste Kind schläft derweil unentdeckt in einer Ecke des elterlichen Hauses. Wie beispielsweise im Ruhrgebiet. Da wurden an einem Weihnachtstag abends gegen neun Uhr zwei sechs und vier Jahre alte Mädchen vermisst. 20 Minuten nach dem mysteriösen Verschwinden der Kinder löste die Polizei Großalarm aus. Polizeibeamte suchten in den Seitenstraßen und auf Kinderspielplätzen. Die Mitarbeiter der Verkehrsbetriebe, Straßenbahn-, Bus- und Taxifahrer wurden um Unterstützung gebeten. Nach einer Stunde entdeckte man die Mädchen in der elterlichen Wohnung – schlafend in einem Bettkasten.

Vermisst-Statistik

Bei der Statistik über vermisste Menschen gibt es große Ungenauigkeiten. Ich gehe nach wie vor von rund 100.000 Vermisstregistrierungen bei der Polizei aus. Davon sind etwa 40.-50.000 Kinder und Jugendliche.
Vor Jahren hat die Polizei in den jährlichen Kriminalitätsstatistiken noch etwa von diesem Aufkommen gesprochen. Aus mir unerfindlichen Gründen wird heute nicht mehr auf die Vermisst-Situation und -Statistik in den jährlichen Berichten eingegangen. Das Bundeskriminalamt berichtet auf seinen Internetseiten jetzt nur noch über die aktuellen Zahlen, gibt also keinen Jahresüberblick mehr. "Im Januar 2014 waren" – so das BKA – "in der Datei 'Vermisste/Unbekannte Tote' fast 10.200 Fälle gespeichert. Darunter waren ca. 6.800 in Deutschland als 'Vermisst' gemeldete Personen. In

dieser Zahl sind sowohl Fälle enthalten, die sich innerhalb weniger Tage aufklären, als auch Vermisste, die bis zu 30 Jahren verschwunden sind. Täglich werden jeweils etwa 250 bis 300 Fahndungen neu erfasst und auch gelöscht. Erfahrungsgemäß erledigen sich etwa 50 Prozent der Vermissten-Fälle innerhalb der ersten Woche. Binnen Monatsfrist liegt die 'Erledigungs-Quote' bereits bei über 80 Prozent. Der Anteil der Personen, die länger als ein Jahr vermisst werden, bewegt sich bei nur etwa 3 Prozent. Knapp zwei Drittel aller Vermissten sind männlich. Etwa die Hälfte aller Vermissten sind Kinder und Jugendliche. Falls eine Vermisstensache nicht aufgeklärt wird, bleibt die Personenfahndung bis zu 30 Jahren bestehen."

Es gibt eine große Dunkelziffer erwachsener Vermisster, die ich persönlich bei bis zu 50 Prozent festlegen möchte. Die Gründe dafür finden sich in der Gesetzgebung, weil nicht alle Vermissten registriert werden dürfen.

Eine Person gilt aus polizeilicher Sicht als vermisst, wenn eine Person ihren gewohnten Lebenskreis verlassen hat, ihr derzeitiger Aufenthalt unbekannt ist und eine Gefahr für Leib oder Leben (z.B. Opfer einer Straftat, Unfall, Hilflosigkeit, Selbsttötungsabsicht) angenommen werden kann. Erwachsene, die im Vollbesitz ihrer geistigen und körperlichen Kräfte sind, haben das Recht, ihren Aufenthaltsort frei zu wählen, auch ohne diesen den Angehörigen oder Freunden mitzuteilen. Es ist – so hat es der Gesetzgeber bestimmt – nicht Aufgabe der Polizei, Aufenthaltsermittlungen durchzuführen, wenn die oben beschriebene Gefahr für Leib oder Leben nicht vorliegt.

Kinder und Jugendliche im Alter bis zu 18 Jahren dürfen ihren Aufenthaltsort nicht selbst bestimmen. Bei ihnen wird grundsätzlich von einer Gefahr für Leib oder Leben ausgegangen. Sie gelten für die Polizei bereits als vermisst, wenn sie ihren gewohnten Lebenskreis verlassen haben und ihr Aufenthalt nicht bekannt ist.

Die Initiative Vermisste-Kinder schreibt gar, dass "Jahr für Jahr rund 100.000 Kinder und Jugendliche in Deutschland als vermisst gemeldet werden. Die meisten Kinder und Jugendlichen tauchen nach kurzer Zeit wieder auf – einige bleiben für immer verschwunden. Ein Großteil von ihnen findet sich innerhalb weniger Tage wieder ein".
Weitere Informationen finden Sie unter dem Stichwort: Vermisstenanzeige sowie auf den Internetseiten des Bundeskriminalamtes **www.bka.de**.

Verschollenheitsgesetz

Das Verschollenheitsgesetz regelt den Fall, dass ein Mensch verschollen oder vermisst ist und behandelt u.a. die Voraussetzungen einer Todeserklärung sowie Lebens- und Todesvermutungen. Wer beispielsweise in Lebensgefahr gekommen und seitdem verschollen ist, kann ein Jahr nach dem Ereignis für tot erklärt werden (§ 7 VerschG – "Gefahrverschollenheit"). Das trifft nach Einschätzung des Bundesministeriums der Justiz etwa für Vermisste der Tsunami-Katastrophe 2004 in Südasien zu.
Nach dem Verschollenheitsgesetz gibt es verschiedene Fristen für eine Todeserklärung. Allgemeine Verschollenheit: zehn Jahre ab dem letzten Lebenszeichen, § 3 Abs. 1 VerschG./Soldaten im Krieg: ein Jahr ab dem Ende des Jahres, in dem der Krieg endete (Kriegsverschollenheit), § 4 Abs. 1 VerschG/Schiffsuntergang: sechs Monate ab Untergang (Seeverschollenheit), § 5 Abs. 1 VerschG/ Flugzeugabsturz: drei Monate ab Absturz (Luftverschollenheit), § 6 VerschG/Sonstige Verschollenheit mit Lebensgefahr: ein Jahr ab Ende der Lebensgefahr, § 7 VerschG.
Antragberechtigt sind nach § 16 VerschG die gesetzlichen Vertreter des Verschollenen (z.B. Abwesenheitspfleger nach § 1911 BGB) mit familien- oder betreuungsgerichtlicher Genehmigung nach § 16

Abs. 3 VerschG, der Ehegatte oder eingetragene Lebenspartner, Eltern und Kinder, die Staatsanwaltschaft sowie jeder, der ein berechtigtes Interesse an der Todeserklärung hat. *Lesen Sie auch unter dem Stichwort: Todeserklärung.*

Verschwiegenheitspflicht

Es kann passieren, dass Vermisste alle Brücken hinter sich abbrechen und ihre Angehörigen unbedingt im Ungewissen über ihren Aufenthaltsort lassen möchten. Das kann dann zu einer für Mitarbeiter von Behörden konfliktreichen Situation führen, wenn beispielsweise eine Polizeistreife eine Person kontrolliert und nach einem Check im Computer feststellt, dass es sich um einen Vermissten handelt.

Wenn der Vermisste darauf besteht, dass die Angehörigen über diese Kontrolle und den Aufenthaltsort des Vermissten nicht informiert werden, dürfen die Behördenmitarbeiter keine Informationen weitergeben. Nach dem Gesetz kann sich jeder Bundesbürger ohne Einschränkung irgendwo aufhalten, ohne dass die Behörden darüber anderen Personen Informationen zukommen lassen dürfen, wenn der Vermisste es verbietet. Lesen Sie dazu auch unter dem Stichwort Polizei.

Angehörige haben mir allerdings des öfteren davon berichtet, dass sie anonyme Anrufe mit Hinweisen auf einen möglichen Aufenthaltsort der vermissten Person erhalten hätten. Es lag der Verdacht nahe, dass ein Behördenmitarbeiter in diesem Fall Mitleid mit den Suchenden hatte und diesen Tipp gab. Manche Angehörige, die um die Problematik der Verschwiegenheitspflicht wissen, sprechen dieses Thema bei der zuständigen Polizeidienststelle direkt an und bitten um unbürokratische Hilfe.

Auf diese Art geschehen immer wieder kleine Wunder: Angehörige in Süddeutschland erzählten mir beispielsweise von dem Ver-

schwinden ihres Sohnes, von dem sie erst nach fünfzehn Jahren, dank der unbürokratischen Hilfsbereitschaft eines anonymen Botschaftsmitarbeiters in den USA, ein Lebenszeichen erhielten.
Der junge Mann war während des Studiums spurlos verschwunden und hatte schließlich in Amerika eine Arbeit gefunden. Als er seinen Reisepass verlängern wollte, fiel auf, dass er in seiner Heimat als vermisst galt. Der Vermisste bestand allerdings darauf, dass seine Eltern nicht informiert werden sollten. Die Eltern erhielten trotzdem einen Tipp, recherchierten privat bei der US-Polizei und anderen Quellen und fanden bestätigt, dass ihr Sohn in den USA lebte. Sie akzeptierten schweren Herzens, dass er keinen Kontakt zu ihnen wollte und meldeten sich auch nicht bei ihm.
Es war ihnen aber ein großer Trost, dass sie nun wussten, was mit ihrem Kind geschehen war. Ich möchte an dieser Stelle an die Vermissten appellieren, den Angehörigen wenigstens ein Lebenszeichen zu geben, damit diese nicht weiter unter der Situation leiden.

Verschwinden verhindern

Für die meisten Menschen, die dieses Buch lesen, kommt dieser Tipp zu spät: Versuchen Sie das Verschwinden zu verhindern. Nehmen Sie sich einmal die Zeit, mit den Angehörigen über das Thema "Vermisste Menschen" zu sprechen. Geben Sie einem Kind klare Verhaltensregeln mit den den Weg: Nicht von Fremden ansprechen oder gar mitnehmen lassen. Anrufen, wenn es abends später wird. Bei schweren Krisen in der Familie sollten man darüber miteinander sprechen und als notwendig eine Familien-Beratungsstelle aufsuchen. Es gibt für viele Probleme Expertenrat – man muss ihn nur suchen. Abzuhauen ist weder für Erwachsene noch für Kinder eine Lösung. Die Probleme werden für alle Beteiligten in der Regel dadurch nur noch größer.

Versicherungen

Wenn es um die Versicherungen einer vermissten Person geht, ist guter Rat selten. Selbst die Versicherungsunternehmen tun sich damit schwer. Ich rate grundsätzlich dazu, mit Entscheidungen noch ein bis zwei Monate zu warten, weil sich der Vermisste ja vielleicht bald wieder meldet und heimkehrt.

Wer es sich finanziell erlauben kann, sollte noch eine zeitlang eine Krankenversicherung auf niedrigem Niveau weiter bezahlen. Dadurch kann man verhindern, dass die Vermisste nach der Rückkehr möglicherweise schwer erkrankt ohne Krankenversicherungsschutz dasteht.

Mit anderen Versicherungsunternehmen, bei denen beispielsweise eine Lebensversicherung oder Riester-Rente abgeschlossen wurde, sollte zunächst ein Zahlungsstopp vereinbart werden mit der Maßgabe, dass der Versicherte nach seiner Rückkehr die Zahlungen wieder aufnahmen kann.

Versicherungen für Hausrat, Pkw, Gebäude u.a. sollten nur aufgegeben werden, wenn die versicherten Gegenstände nicht mehr genutzt oder nicht mehr im Besitz des Vermissten sind und ein Schutz überflüssig ist. In jedem Fall empfehle ich bei schwierigen Fällen die Beratung durch einen Rechtsanwalt oder auch eine Verbraucherberatung; beispielsweise bei der Kündigung einer persönlichen Haftpflichtversicherung.

Manchmal führen übrigens Rückfragen bei Versicherungen auch zu einem Lebenszeichen: etwa wenn Sie eine Lebensversicherung ruhen lassen möchten und Ihnen dann mitgeteilt wird, dass der Vermisste beispielsweise in der Zwischenzeit die Versicherung aufgelöst und sich die Auszahlungssumme auf eine neue Bankverbindung hat überweisen lassen.

W, X, Y, Z

Wahrsager

Wann immer Vermissten-Fälle in den Medien veröffentlicht werden, dienen bald auch Hellseher und Wahrsager ihren übersinnlichen Service an, legen etwa eine Hand auf ihre Wunderkugel und halten die andere für bis zu 500 Euro Honorar auf. Viel Geld also – und keine Erfolgsbilanzen. Angehörige sollten skeptisch sein, wenn sich Hellseher bei ihnen melden und sich an der Suche beteiligen wollen. Vor vielen Jahren machte das bayerische Landeskriminalamt eine Studie zum Thema und kam zu dem Ergebnis, dass Hellseherei im Zusammenhang mit Vermisstfällen nicht zum Erfolg führt. Ein Vermissten-Spezialist der Polizei bestätigte mir: "Ich weiß, dass sich die Angehörigen an jeden Strohhalm klammern. Aber ich habe während meiner 20-jährigen Tätigkeit hier auf der Vermisstenstelle noch keinen Fall erlebt, bei dem die Unterstützung von Hellsehern oder Wahrsagern zur Klärung eines Vermisstenschicksals geführt hätte."
Kriminalbeamte halten nicht viel von den magischen Kräften der Wahrsager und Hellseher. "Wenn wir uns auch damit noch beschäftigen wollten, hätten wir noch mehr zu tun", so ein Kripobeamter, "es gibt ja kaum einen Vermisstenfall, in den sich kein Wahrsager einschaltet".
Manchmal gehen die Ermittler allerdings den Hinweisen der Hellseher-Zunft allein deswegen schon nach, um die Angehörigen zu beruhigen und ihnen das Gefühl zu vermitteln, dass auch wirklich alles gemacht wurde. Sie wollen sich später nicht vorwerfen lassen, sie hätten wichtige Hinweise auf den Verbleib der Vermissten unter den Tisch fallen lassen.

Wirtschaftsflüchtige

Gelegentlich melden sich bei mir Angehörige von Vermissten, die wegen Schulden (Steuern, Unterhaltszahlungen) oder anderer Wirtschaftsvergehen untergetaucht sind. Bei den Angehörigen handelt es sich meist um Ehefrauen, die von dem Vermissten sitzengelassen wurden und Unterhaltsforderungen für sich und ihre Kinder haben. Nicht selten befinden sich die Angehörigen in einer wirtschaftlich schwierigen Situation.
Diesen Angehörigen empfehle ich – falls noch nicht geschehen – zu einer Anzeige bei der Polizei, wenn zum Beispiel ein Betrug vorliegt. Dann ermitteln die Behörden. Manchmal erfahren die Angehörigen auch, wo sich diese finanzflüchtige Person aufhält. Wenn zwischen Deutschland und dem Staat, wo sich die gesuchte Person aufhält, kein Auslieferungsabkommen besteht, können die Behörden meist nicht viel ausrichten.
Sollte es bei den Forderungen der Angehörigen um viel Geld gehen und kennt man den Aufenthaltsort der vermissten Person im Ausland, hilft unter Umständen eine Prozessfinanzierung weiter.
Lesen Sie mehr unter dem Stichwort: Prozessfinanzierung.

Adressen von Helfern, Behörden, Institutionen, Initiativen

Einführung

Eins vorab: Es gibt keinen Vermisstensuchdienst, also eine Organisation, die Ihnen aktiv bei der Suche nach Vermissten hilft. Ausnahmen sind der Kindersuchdienst **vermisste-kinder.de**, der auf Kriegsvermisste spezialisierte DRK-Suchdienst in München sowie Amnesty International. In Einzelfällen sucht die Polizei aktiv, darüber hinaus und in den weitaus meisten Fällen findet bei der Polizei nur eine Registrierung des Vermissten statt.
Bei speziellen Problemen können jedoch Initiativen, Institutionen, Organisationen oder Behörden helfen. Drei Beispiele dazu: Eine an Demenz erkrankte Person wird im Verlauf ihres Lebens nicht einmal, sondern vermutlich mehrmals vermisst werden. Hier macht es Sinn, sich vorbeugend an eine Beratungsstelle zu wenden und sich über Möglichkeiten der Vermeidung einer Vermisst-Situation zu informieren. *(Siehe dazu auch Stichwort Demenz)*.
Wenn beim Verschwinden eines Familienvaters beispielsweise große Schulden hinterlassen wurden, macht es Sinn etwa eine Schuldnerberatung anzusprechen. Beim Verschwinden eines psychisch Kranken hilft ein Erfahrungsaustausch mit anderen Betroffenen durch Vermittlung des Bundesverbandes für Angehörige psychisch Kranker.
Sprechen Sie Institutionen oder Initiativen möglichst persönlich

an. Briefe und Mails wirken meist nicht so überzeugend wie ein persönliches Gespräch per Telefon oder vor Ort, bei dem Sie besser über wichtige Sachverhalte berichten können. Manchmal fördert auch eine Mitgliedschaft etwa im Kinderschutzbund die Unterstützung. Man hat einfach intensiveren Austausch, lernt mehr Menschen kennen, die einem Rat und Hilfe bieten.
Auf den folgenden Seiten finden Sie die Kontaktadressen und Tätigkeitsbeschreibungen. Deren Darstellungen beruhen weitgehend auf den Beschreibungen im Internet. Die Home-Adressen finden Sie – soweit vorhanden – in den veröffentlichten Kontaktdaten.

Adressenermittlung

In jeder Stadt oder Gemeinde gibt es ein Einwohnermeldeamt, an das Sie sich wenden können, wenn Sie erfahren möchten, wo eine von Ihnen vermisste Person sich eventuell heute aufhalten könnte.
(Siehe dazu unter Adressen: Einwohnermeldeamt)
Es gibt allerdings auch Firmen, die Ihnen bei der Ermittlung einer Adresse behilflich sind. Etwa unter **adressermittlung.de** bietet man Ihnen gegen ein Honorar ab 19,95 Euro die Möglichkeit, "schnell und unkompliziert eine Personenermittlung bei einem Meldeamt durchzuführen. Sie ersparen sich die Mühe und den Zeitaufwand einer schriftlichen Anfrage beim Einwohnermeldeamt". Das Online-Adressermittlungs-Portal bietet die Möglichkeit, Adressen von umgezogenen Personen wiederzufinden. Dafür benötigt man von Ihnen die zuletzt bekannte Adresse oder den letzten bekannten Wohnort und das Geburtsdatum der vermissten Person. Die Firma leiten eine Anfrage an die zuständigen Einwohnermeldeämter weiter.

➲ *Kontakt:*
www.adressermittlung.de

Amber Alert

Das Ziel des Amber Alert ist die schnellstmögliche und umfassende Alarmierung der Bevölkerung, wenn ein Kind vermisst wird. Der Amber Alert wurde erstmals in den USA eingeführt und wird dort seit vielen Jahren erfolgreich betrieben. Benannt wurde das Alarmsystem nach der damals 9-jährigen Amber Hagerman, die 1996 im US-Bundesstaat Texas Opfer einer Entführung geworden ist. Die Leiche von Amber Hagerman wurde vier Tage später von einem Spaziergänger entdeckt. Der Täter wurde bis heute nicht ermittelt.
Das Ziel des Amber-Alert ist die möglichst schnelle und umfassende Alarmierung der Bevölkerung zu einem aktuellen Vermisstenfall. Hierbei werden verschiedene Kanäle wie soziale Netzwerke, digitale Informationsmedien im öffentlichen Raum, SMS, E-Mail, Radio- und TV-Sender zur schnellstmöglichen Verbreitung einer Vermisstmeldung genutzt.

➲ *Kontakt:*
Sie können sich für die Alarmierung im Falle eines Amber Alert per SMS anmelden. Senden Sie hierfür eine SMS mit dem Text AMBER ON sowie den ersten zwei Zahlen Ihrer Postleitzahl (z.B. Amber On 22 für eine Anmeldung in Hamburg-Langenhorn) an die Mobilnummer 0177-1787833. Eine mobile App gibt es für Android oder IOS. Weitere Informationen unter **www.vermisste-kinder.de**

Amnesty International

Wer einen Vermissten sucht, der aus politischen Gründen verschwunden ist, wendet sich an Amnesty International. Amnesty ist Teil einer weltweiten Bewegung, die sich für den Schutz der Menschenrechte einsetzt. Mehr als drei Millionen Mitglieder in über 150 Ländern der Welt bilden die Basis von Amnesty International.

Größere Sektionen unterhalten in der Regel ein Sekretariat mit hauptamtlichen Mitarbeiterinnen und Mitarbeitern. Die Strukturen und Sektionen koordinieren die Arbeit der Mitglieder und sind die Verbindungsstelle zwischen den Gruppen sowie den Mitgliedern und dem Internationalen Sekretariat in London.
Wer einen Menschen im Ausland vermisst, sollte sich – auch wenn kein Hintergrund politischer Verfolgung vorliegt – ruhig an Amnesty wenden. Möglicherweise erhält man im persönlichen Gespräch doch wichtige Hinweise oder Kontakte im Ausland.

➲ *Kontakt:*
Amnesty International, Sektion der Bundesrepublik Deutschland e.V.
Postanschrift: Zinnowitzer Straße 8, 10115 Berlin
Telefon: +49 (0)30-420248-0
Telefax: +49 (0)30-420248-488
E-Mail: info@amnesty.de
www.amnesty.de

Auswärtiges Amt

Deutschland unterhält in mehr als 200 Ländern Auslandsvertretungen, über 200 Botschaften und Generalkonsulate sowie 356 Honorarkonsuln. Die Konsularbeamten der Auslandsvertretungen gewähren Deutschen im Ausland Rat und Beistand, u.a. auch den Angehörigen von Vermissten. Diese Verpflichtung ist im Konsulargesetz von 1974 begründet. Die Hilfsmöglichkeiten müssen sich allerdings am internationalen Recht und an den Gesetzen des jeweiligen ausländischen Staates orientieren. Der Konsularbeamte – so das Auswärtige Amt auf seinen Internetseiten – berät die Angehörigen des Vermissten über Möglichkeiten weiterer Nachforschungen. Er kann beispielsweise das dortige Außenministerium bzw. die Polizei am Urlaubsort einschalten und die Verwandten bei ihren Gesprächen mit den örtlichen Behörden unterstützen. Lesen Sie dazu mehr unter den Stichwörtern: Ausland, Katastrophen im Ausland.

➲ *Kontakt:*
Auswärtiges Amt
Postanschrift: Auswärtiges Amt, Vermisstenstelle, 11013 Berlin
Telefonzentrale: +49-30-1817-0 (24-Stunden-Service)
Bürgerservice: +49-30-1817-2000 (Mo bis Fr 9.00 bis 15.00 Uhr)
Telefax: +49-30-1817-3402
www.auswaertiges-amt.de

Beratungsstellen für Gewaltopfer

Manchen Vermissten ist Gewalt angetan worden, und wenn sie heimkehren, leiden Sie unter den Folgen. In vielen Stadt- und Gemeindeverwaltungen gibt es Beratungsstellen für Gewaltopfer. Sie sollten diese Unterstützung, die meist kostenlos ist bzw. von den Beratern mit Ihrer Krankenkasse abgerechnet wird, unbedingt wahrnehmen. Gerade, wenn Ihnen Gewalt angetan worden ist, kann es zu psychischen Problemen kommen, die Ihnen erst Monate oder Jahre später große Probleme bereiten. Aber auch als Angehöriger einer vermissten Person können Sie in eine seelischen Notsituation geraten, in der Sie psychologische Krisenhilfe benötigen. Adressen und Ansprechpartner finden Sie auf den Internetseiten der Stadt- oder Gemeindeverwaltung und per Telefon über die Telefonzentrale der Behörde. Sollten Sie dort keine Hinweise finden, wenden Sie sich an Ihre Krankenkasse oder auch an den Hausarzt, der in der Regel auch über entsprechende Adressen etwa von Psychotherapeuten oder Psychologen verfügt. Nehmen Sie diese Hilfe ruhig wahr, schämen Sie sich nicht vor einem Gang zum "Seelenklempner".
Ein besonderes Problem ist allerdings, dass Angehörige von Ver-

missten von den Behördenmitarbeitern mit dem Hinweis weggeschickt werden, die Polizei sei allein für die Hilfe für Angehörige von Vermissten zuständig. Das stimmt nicht. In akuten psychischen Krisensituationen sind die Akut-Psychologischen Dienste der Städte und Gemeinden auch für Angehörigen von Vermissten zuständig.
Auf der Internetseite der Düsseldorfer Stadtverwaltung findet sich beispielsweise ein Hinweis auf die Zuständigkeit. Dort heißt es über die "Beratungsstelle für Gewaltopfer": "Ein seelisches Trauma ist eine seelische Verletzung durch ein als außergewöhnliche Bedrohung empfundenes Ereignis (wie z.B. körperliche oder sexualisierte Gewalt, Vergewaltigung, gewalttätiger Angriff, Stalking, Entführung, Kriegsereignis, durch Natur- oder durch Menschen verursachte Katastrophen, Unfälle, lebensbedrohende medizinische Erkrankungen), das an der eigenen Person, als Beobachter, Angehöriger, Vermissender, Hinterbliebener oder als Helfer erfahren wurde und das bei nahezu jedem Menschen nachhaltig tiefgreifende Verzweiflung auslösen würde. Die Zeit heilt nicht alle Wunden. Menschen, die Gewalt erlebt haben, deren Angehörige als auch Zeuginnen und Zeugen von Gewalt brauchen schnelle und kompetente Hilfe. Die Folgen von Gewalterfahrungen können in Abhängigkeit von der Schwere und den näheren Umständen des Erlebten sehr unterschiedlich sein. Es kann z.B. zu Schlafstörungen, Albträumen, Angstzuständen, Nervosität, Konzentrationsstörungen sowie Gereiztheit kommen. Es ist durchaus möglich, dass diese oder andere Symptome erst später und nicht in unmittelbarem Zusammenhang mit dem Erlebten auftauchen."
Die Helfer bieten zunächst persönliche Beratungsgespräche meist kurzfristig nach der Kontaktaufnahme an. Sie führen bei Bedarf medizinische und psychologische Diagnostik sowie medizinische Stellungnahmen durch und helfen zum Beispiel auch bei der Antragstellung auf Gewährung von Beschädigten-Versorgung nach

dem Gesetz über die Entschädigung für Opfer von Gewalttaten (OEG).

➲ *Kontakt:*
Gemeinsame Telefonnummer aller Behörden in Deutschland: 115

Bundesverband der Angehörigen psychisch Kranker

Diese Adresse gebe ich häufig an Angehörige psychisch kranker Vermisster weiter, denn ich weiß aus zahlreichen Gesprächen wie schwierig die Situation gerade für diesen Personenkreis ist. Der Bundesverband der Angehörigen psychisch Kranker (BApK) ist eine Selbsthilfeorganisation und Solidargemeinschaft von Familien mit psychisch Kranken.
Nicht selten verschwinden psychisch Kranke mehrmals in ihrem Leben und bereiten den Angehörigen dabei große Probleme. Betroffene können sich an den Bundesverband oder direkt an einen der Landesverbände oder aber auch an das unten beschriebene "SeeleFon" zur akuten Beratung wenden.
Der Bundesverband der Angehörigen psychisch Kranker (BApK) und die Landesverbände unterstützen Angehörige und Betroffene durch kostenlose Beratung und Information, Vermittlung von Kontakten, Adressen und Literaturhinweisen. Es ist ein Netzwerk, das Familien aus der Isolation holt und ihnen auch in Krisen Halt gibt.

➲ *Kontakt:*
Bundesverband der Angehörigen psychisch Kranker (BApK)
Postanschrift: BApK Bundesgeschäftsstelle
Oppelner Straße 130, 53119 Bonn
Telefon: 0228-71002400, 0228-658063
E-Mail: bapk@psychiatrie.de
Home: **www.bapk.de**

SeeleFon 01805-950951 und 0228-71002424
Beratungszeiten des "SeeleFon" für Angehörige und Betroffene:
Mo bis Do, 10.00 bis 12.00 Uhr und 14.00 bis 20.00 Uhr, Fr 10.00 bis 12.00 Uhr und 14.00 bis 18.00 Uhr.
Unter **seelefon@psychiatrie.de** *sind die Beraterinnen und Berater ebenfalls schnell erreichbar. Eine erste Antwort erfolgt wochentags innerhalb von 48 Stunden.*

Bundesverband der Elternkreise drogengefährdeter und drogenabhängiger Jugendlicher

Der Bundesverband der Elternkreise suchtgefährdeter und suchtkranker Söhne und Töchter e. V. (BVEK) hilft betroffenen Eltern mit Informationen, Erfahrungsaustausch und persönlicher Beratung. Auf der Internetseite des Verbands finden sich Infos über regionale Elternkreise. Dabei handelt es sich um Selbsthilfegruppen, in denen sich Eltern von suchtgefährdeten und suchtkranken Söhnen und Töchtern aller Altersgruppen organisiert haben. Sie helfen – so die Selbstdarstellung – Ratlosigkeit und Ängste durch Austausch von Erfahrungen und Informationen zu überwinden.

➲ *Kontakt:*
Bundesverband der Elternkreise suchtgefährdeter und suchtkranker Söhne und Töchter e.V. (BVEK)
Geschäftsstelle: Braunsbergstraße 23, 48155 Münster
Telefon: 02 51-14207-33
Mobil: 0151-431123 33
Telefax: 02 51-13302757
E-Mail: info@bvek.org
Home: **www.bvek.org**

Bürgerhotline 115

Unter der bundesweit einheitlichen Behördennummer 115 erhält man in Deutschland einen direkten Zugang zur öffentlichen Verwaltung. Es werden telefonische Bürgerservices von Kommunen, Landes- und Bundesbehörden vernetzt, so dass Auskünfte zu Verwaltungsanliegen wie Öffnungszeiten, Zuständigkeiten oder Informationen über bestimmten Themen unter dieser Nummer erfragt werden können. Anfragen, die nicht sofort bearbeitet werden können, werden an den zuständigen Ansprechpartner auf kommunaler, Landes- oder Bundesebene weitergeleitet.
Ich habe die Bürgerhotline 115 getestet und angefragt, wer wohl zuständig sein könnte bei Angehörigen von Vermissten, die psychische und andere Probleme haben. Man meinte, dass der sozialpsychiatrische Dienst helfen könnte. Wenn Sie also Hilfe brauchen und etwa eine Gesprächsberatung wünschen, geben Sie am besten einen Hinweis auf eine psychische oder seelische Notlage, in der Sie sich befinden.

➲ *Kontakt:*
Telefon: 115

Das Beratungsnetz

Das Beratungsnetz bietet eine umfangreiche Suchmöglichkeit zu Online-Beratungsstellen zu den unterschiedlichsten Beratungsschwerpunkten. Hier finden Sie Hilfe und sichere Online-Beratung. Themen der Beratung sind u.a. psychische Probleme, soziale Anliegen, zwischenmenschliche Probleme, Trauer, Einsamkeit, Sucht, körperliche Beschwerden, Trennungs- oder Scheidungsfragen.

➲ *Kontakt:*
Home: **www.das-beratungsnetz.de**

Deutsche Alzheimer Gesellschaft

In den 80er Jahren schlossen sich an einzelnen Orten in Deutschland Angehörige von Demenzkranken, begleitet von fachlichen Helfern, zu Selbsthilfegruppen zusammen, um sich gegenseitig zu unterstützen und die Situation für die Betroffenen zu verbessern. 1989 wurde die Deutsche Alzheimer Gesellschaft e.V. als Dachverband von engagierten Vertreterinnen und Vertretern der ersten Angehörigengruppen gegründet. Die Gesellschaft ist eine Selbsthilfeorganisation, in der sich Angehörige der Erkrankten und nach Möglichkeit die Betroffenen selbst, sowie Ehren- und Hauptamtliche verschiedener Berufsgruppen engagieren. Die Mitarbeiter bieten bundesweite Hilfe durch professionelle Beratung für Angehörige, von Demenzkranken, Betroffene wie auch professionelle Helfer.

➲ *Kontakt:*
Deutsche Alzheimer Gesellschaft e.V. Selbsthilfe Demenz
Postanschrift: Friedrichstraße 236, 10969 Berlin-Kreuzberg
Telefon: 030-2593795-0
Telefax: 030-2593795-29
E-Mail: info@deutsche-alzheimer.de
Home: **www.deutsche-alzheimer.de**
Bürozeiten: Mo bis Do 9.00 bis 16.00 Uhr, Fr 9.00 bis 15.00 Uhr
Alzheimer-Telefon: 030-259379514 oder 01803-171017,
Mo bis Do 9.00 bis 18.00 Uhr, Fr 9.00 bis 15.00 Uhr,
9 Cent pro Minute aus dem Festnetz

Deutsche Opferhilfe

Vermisste können auch Opfer von Gewalttaten sein, etwa wenn sie entführt wurden. Nach der Heimkehr der Betroffenen ist fachmännische Hilfe wichtig. Die Deutsche Opferhilfe berät Opfer von

Straftaten über ihre Rechte etwa im Rahmen des Opferschutzes, der Opferentschädigung oder der Frage eines so genannten Opferanwalts. Sie vermittelt Kontakte zu Selbsthilfegruppen und zeigt Wege auf zu einer kompetenten juristischen, medizinischen oder therapeutischen Hilfe und steht Opfern einer Straftat und deren Angehörigen mit Rat und Tat zur Seite.

➲ *Kontakt:*
Deutsche Opferhilfe e. V.
Postanschrift: Postfach 700 110, 60551 Frankfurt/Main
Opfer-Notruf: 069-65300399,
E-Mail: info@deutsche-opferhilfe.de
Home: **www.deutsche-opferhilfe.de**

Deutscher Anwaltsverein

Sie suchen ein Rechtsanwalt etwa um durch diesen eine Abwesenheitspflegschaft für einen Vermissten zu beantragen oder sich bei einer Kindesentführung vertreten zu lassen. Dann können Sie im Internet nach eine Anwalt suchen. Im Deutschen Anwaltsverein haben sich rund 67.000 Anwälte organisiert. Auf dessen Internetseite Deutsche Anwaltsauskunft gibt es umfangreiche Suchoptionen.

➲ *Kontakt:*
Deutscher Anwaltverein (DAV) e. V.
Postanschrift: Littenstraße 11, 10179 Berlin
Telefon: 49-30-726152-0
Telefax: 49-30-726152-190
E-Mail: dav@anwaltverein.de
Home: **www.anwaltauskunft.de**

Deutscher Kinderschutzbund

Der Deutsche Kinderschutzbund Bundesverband e.V. setzt sich für den Schutz von Kindern vor Gewalt, gegen Kinderarmut und für die Umsetzung der Kinderrechte in Deutschland ein. Angehörige von vermissten Kindern und Jugendlichen findet hier unter Umständen ehrenamtlich tätige Mitarbeiter, die vor Ort Hinweise auf Helfer und Unterstützer bei Suchaktionen geben können.

➲ *Kontakt:*
Deutscher Kinderschutzbund Bundesverband e.V.
Bundesgeschäftsstelle Schöneberger Straße 15 , 10963 Berlin
Telefon: 030-214809-0
Telefax: 030-214809-99
E-Mail: info@dksb.de
Home: **www.dksb.de**

Deutsches Rotes Kreuz Suchdienst

Der Suchdienst des Deutschen Roten Kreuzes hilft Menschen bei der weltweiten Suche nach Angehörigen und berät in allen Fragen der Familienzusammenführung. Diese Aufgaben nimmt der DRK-Suchdienst seit 1945 im Deutschen Roten Kreuz wahr. Die Folgen des 2. Weltkriegs beschäftigen den DRK-Suchdienst seit Jahrzehnten. Noch immer ist der Verbleib von 1,3 Mio. Menschen unbekannt. Heute ist der DRK-Suchdienst auch Anlaufstelle für Menschen, die aufgrund von Krieg, Katastrophen, Aussiedlung, Flucht und Vertreibung nicht wissen, wo sich ihre Angehörigen aufhalten. Der DRK-Suchdienst unterstützt Menschen, die unfreiwillig voneinander getrennt und dabei in unterschiedliche Länder verstreut wurden, in ihrem Wunsch, wieder zusammen in einem Land zu leben. Ein bundesweites Netz von Ehrenamtlichen steht zudem bereit, um bei Katastrophen und schwerwiegenden

Unglücksfällen in Deutschland Familienangehörigen Auskunft über Vermisste zu geben.

➲ *Kontakt:*
Deutsche Rotes Kreuz Suchdienst
Home: **www.drk-suchdienst.de**

Familienzusammenführung – Beratung von Spätaussiedlern und Flüchtlingen: DRK-Suchdienst Standort Hamburg
Amandastraße 72-74, 20357 Hamburg
Telefon: 040-4 3202-0
Telefax: 040-43202-200
E-Mail: auskunft@drk-suchdienst.de

2. Weltkrieg: DRK-Suchdienst Standort München
Chiemgaustraße 109, 81549 München
Telefon: 089-680773-0
Telefax: 089-68074592
E-Mail: info@drk-suchdienst.de

Internationale Suche: DRK-Suchdienst Standort München
Chiemgaustraße 109, 81549 München
Telefon: 089-680773-0
Telefax: 089-68074592
E-Mail: tracing@drk-suchdienst.de

Amtliches Auskunftsbüro: DRK-Suchdienst, Suchdienst Leitstelle
Carstennstraße 58, 12205 Berlin
Telefon: 030-85404-138, 030-85404-170
Telefax: 030-85404-458
E-Mail: suchdienst@drk.de

Deutsches Zentralinstitut für soziale Fragen

Wer eine Hilfsorganisation oder soziale Initiative sucht, findet in der Datenbank der Stiftung Deutsches Zentralinstitut für soziale Fragen (DZI) viele Kontaktadressen. Seit über 100 Jahren sammelt und dokumentiert das DZI Informationen über die Soziale Arbeit in Deutschland. Mit einer der größten Fachbibliotheken im deutschsprachigen Raum und einer umfangreichen Literaturdatenbank gehört das DZI zu den wichtigen Dokumentations- und Auskunftstellen für soziale Fragestellungen. Die Datenbank-Suche bietet eine Gliederung nach Arbeitsbereichen wie u.a. Altenhilfe, Familienfürsorge oder Katastrophenhilfe, die zusätzlich nach Staaten und in Deutschland nach Bundesländern unterteilt ist. Zum Thema Vermisste gibt es auch bei der DZI-Suche keinen Treffer, aber im Fall von Einzelfragen etwa zum Thema Demenz finden sich viele Treffer. Datenbank-Suche:
http://www.dzi.de/spenderberatung/datenbanksuchmaske/

➲ *Kontakt:*
Deutsches Zentralinstitut für soziale Fragen (DZI)
Postanschrift: Bernadottestraße 94, 14195 Berlin
Telefon: 030-839001-0
Telefax: 030-8314750
E-Mail: sozialinfo@dzi.de
Home: **www.di.de**

Einwohnermeldeamt

In jeder Stadt oder Gemeinde gibt es ein Einwohnermeldeamt, an das Sie sich wenden können, wenn Sie erfahren möchten, wo eine von Ihnen vermisste Person sich eventuell heute aufhalten könnte. Am besten wenden Sie sich schriftlich per Brief oder E-Mail an die Behörde. Auf diesem Weg sind schon viele Vermisstfälle aufgeklärt worden, denn häufig starten Vermisste in einer anderen Region des Landes in eine neue Zukunft. Sie sollten möglichst das Einwohnermeldeamt kontaktieren, an dem die vermisste Person zuletzt gemeldet war. Hier wird registriert, wohin sich jemand abmeldet in eine andere Gemeinde oder Stadt. Siehe auch Stichwort Adressenermittlungsfirmen.

➲ *Kontakt:*
Stadt- und Gemeindeverwaltungen
Bürgerhotline 115

EU-Hotline 116000 für vermisste Kinder

Die EU-Hotline 116000 für vermisste Kinder ist immer noch zu wenig bekannt, stellte die Europäische Kommission im Jahre 2012 fest. Darum mahnte die EU-Kommission am "Internationalen Tag der vermissten Kinder" die Mitgliedstaaten, dafür zu sorgen, dass mehr Menschen die zentrale europäische Hotline für vermisste Kinder kennen. Obwohl die EU bereits 2007 beschlossen hatte, die 116000 als zentrale Nummer für vermisste Kinder einzuführen, wussten das damals 82 Prozent der Europäer nicht. Und in 10 Mitgliedstaaten gab es die Hotline noch nicht. In Deutschland gilt die 116000 seit 2011 als Hotline für vermisste Kinder. Zuständig ist die Initiative Vermisster Kinder, nach deren Angabe jährlich allein in Deutschland bis zu 100.000 Kinder und Jugendliche vermisst werden.

➲ *Kontakt:*
Telefon-Hotline: 116000
Home: **www.vermisste-kinder.de**

Familien-, Ehe-, Paarberatung

In allen größeren Städten und Gemeinden gibt es bei der Verwaltung Familienberatungstellen. Darüber hinaus ergänzen karitative Organisationen und Initiativen sowie Psychologen und Psychotherapeuten das Angebot. Wer Kontakt aufnimmt, sollte jedoch nicht nur darauf hinweisen, dass man jemanden vermisst, sondern auf die ganz persönliche Notsituation und vor allem auf einen seelischen Notfall hinweisen: etwa auf Schlafstörungen, Depressionen, Ängste, Einsamkeit u.a., die durch die Vermisstsituation ausgelöst wurden. Viele Berater wissen nicht, welche psychischen Krisen bei Angehörigen ausgelöst werden, wenn ein Mensch von einer Stunde zur anderen verschwindet.

Nicht selten wird man entweder schon bei der Telefonvermittlung einer Stadtverwaltung oder beim Erstkontakt mit der Beratungsstelle sofort an die Polizei verwiesen. Bleiben Sie hartnäckig und verlangen Sie ein persönliches Gespräch, um Ihre spezielle Situation darstellen zu können. Sollten Sie mit Ihrem Kontaktversuch keinen Erfolg bei der Stadt- oder Gemeindeverwaltung haben, dürfen Sie mich gerne unter meinem Vermissten-Telefon kontaktieren.

Beispielsweise beim "Gesundheitsamt Düsseldorf, Beratungsstelle für Schwangerschaftskonflikte, Lebenskrisen, Gewaltopfer" gibt es keinen Hinweis auf eine Zuständigkeit auch für Angehörige von Vermissten und es gibt auch keinen Hinweis auf der Homepage der Stadtverwaltung darauf, dass man auch für die Probleme für Angehörige von Vermissten zuständig sei. Allerdings hat mir der Leiter der Beratungsstelle bestätigt, dass man für Angehörige von Vermissten in Krisensituationen wohl zuständig sei. Die Düsseldorfer Beratungsstelle beispielsweise verfügt über ein Team von erfahrenen Ärztinnen, Psychologinnen, Sozialarbeiterinnen, Sozialpädagoginnen und einem Sozialarbeiter mit verschiedenen therapeutischen Zusatzausbildungen.

Das Angebot der Beratungsstellen umfasst meist Einzel-, Paar- und Familienberatung. In Gesprächen bieten sie Unterstützung bei persönlichen Problemen und Krisen an, helfen Lösungswege zu finden, neue Sichtweisen zu gewinnen und mit den Problemen umzugehen. Am besten vereinbaren Sie telefonisch einen Termin.

➲ *Kontakt:*
Stadt- und Gemeindeverwaltungen
Sammeltelefonnummer: 115

Initiative Tabu Suizid

Die Initiative Tabu Suizid hat sich zum Ziel gesetzt, Hilfsangebote für Menschen in suizidalen Krisen bekannt zu machen, Menschen zu ermutigen, die bestehenden Hilfsangebote in Anspruch zu nehmen und Angehörigen, die von Suizid betroffen sind, durch eine Selbsthilfegruppe zu unterstützen. Es gibt "Hilfe zur Selbsthilfe" in Zusammenarbeit mit Experten, Behörden und Initiativen.

➲ *Kontakt:*
Initiative Tabu Suizid e.V.
Postanschrift: Hördtweg 2, 40470 Düsseldorf
Telefon: 0211-5837372
Mobil: 0173-5378967
Telefax: 0211-5837373
E-Mail: tabusuizid@arcor.de
Home: **www.tabusuizid.de**

Internationaler Sozialdienst

Wenn es um die Suche nach Vermissten im Ausland geht, kann unter Umständen auch der Internationale Sozialdienst helfen, der über ein großes Korrespondentennetz in vielen Ländern der Welt verfügt. Insbesondere kann Unterstützung bei der Entführung eines Kindes durch einen Elternteil ins Ausland geboten werden. Die Arbeitsbereiche der Organisation sind: Internationale Familienkonflikte, Länderübergreifende Kinder – und Jugendhilfe, Migration und Internationale Adoption. In Deutschland arbeitet der Sozialdienst u.a. auch mit der Initiative Vermisste Kinder zusammen. Ebenso ist die "Zentrale Anlaufstelle für grenzüberschreitende Kindschaftskonflikte" dem Internationalen Sozialdienst angegliedert.

➲ *Kontakt:*
Internationaler Sozialdienst (ISD) im Deutschen Verein für öffentliche und private Fürsorge e.V.
Postanschrift: Michaelkirchstraße 17-18, 10179 Berlin-Mitte
Telefon: +49-30-62980-403
Telefax: +49-30-62980-450
E-Mail: info@ZAnK.de
Home: **www.ZAnK.de, www.issger.de**

Internationaler Suchdienst ITS

Der ITS gibt Auskunft über das Schicksal von Verfolgten des nationalsozialistischen Regimes. Dazu zählen Menschen, die in Konzentrationslagern, Ghettos, Gestapo-Gefängnissen und anderen Haftstätten inhaftiert waren, Zwangsarbeiter und Displaced Persons. Betroffene und ihre Familienangehörigen können eine Anfrage per Post oder per Online-Formular an den ITS richten.

➲ *Kontakt:*
Internationaler Suchdienst
International Tracing Service (ITS)
Große Allee 5 - 9
34454 Bad Arolsen
Telefon: +49-5691629-0
Telefax: +49 (0)5691629-501
E-mail: email@its-arolsen.org
Home: **www.its-arolsen.org**

Kinder- und Eltern-Telefon

Nummer gegen Kummer e.V. ist die Dachorganisation des größten telefonischen und kostenfreien Beratungsangebotes für Kinder, Jugendliche und Eltern. Zusammen mit seinen Mitgliedsorganisationen stellt der Verein mehr als 100 Telefonberatungsstellen in ganz Deutschland bereit. Nummer gegen Kummer e.V. ist Mitglied im Deutschen Kinderschutzbund und bei Child Helpline International.

➲ *Kontakt:*
1. Kostenloses Kindertelefon 0800-1110333
Das Kinder- und Jugendtelefon ist ein telefonisches Gesprächs- und Beratungsangebot für Kinder und Jugendliche jeden Alters, die mit jemanden ohne Stress und Zeitdruck vertrauensvoll sprechen möchten. Es gibt kein Thema, über das man nicht mit den Beratern reden kann.

2. Kostenloses Elterntelefon 0800-1110550
Das Elterntelefon ist ein bundesweites Telefonisches Gesprächs- und Beratungs- und Informationsangebot, das Eltern oft in schwierigen Fragen der Erziehung ihrer Kinder schnell, kompetent und anonym unterstützt.

Kirchlicher Suchdienst

Der Kirchliche Suchdienstes hilft bei der Suche nach Vermissten des 2. Weltkriegs. Noch heute ist das Schicksal von über 600.000 Zivilvermissten aus den ehemaligen Vertreibungsgebieten ungeklärt. In den nahezu lückenlosen Unterlagen des Kirchlichen Suchdienstes sind heute über 20 Millionen Personen nach den früheren Wohnsitzen in den Vertreibungsgebieten im Zeitraum 1939 bis 1945 namentlich erfasst. Davon haben die meisten ihre Heimat durch Flucht, Vertreibung, Umsiedlung und Aussiedlung verloren.

➲ *Kontakt:*
Kirchlicher Suchdienst
Geschäftsstelle: Lessingstraße 1, 80336 München
Telefon: 089-54497-201
Telefax: 089-54497-207
E-Mail: ksd@kirchlicher-suchdienst.de
Home: **www.kirchlicher-suchdienst.de**

Koordinierungsstelle NOAH

Die Koordinierungsstelle NOAH (Nachsorge, Opfer- und Angehörigenhilfe) wurde von der Bundesregierung als zentrale Ansprechstelle für Deutsche eingerichtet, die von schweren Unglücksfällen oder Terroranschlägen im Ausland betroffen sind. Dabei greift NOAH die durch das Auswärtige Amt vor Ort eingeleiteten Betreuungsmaßnahmen auf und setzt sie in Abstimmung mit weiteren Kooperationspartnern in Deutschland fort. Folgende Hilfen bietet NOAH an: Telefonische Traumaberatung und bei Bedarf Vermittlung von Psychotraumatherapeuten, Vermittlung von wohnortnahen akuten psychosozialen Unterstützungsangeboten (z.B. durch Kriseninterventionsteams oder Notfallseelsorge) und Unterstützung bei administrativen Fragen, wie z.B. in Bezug auf den Terroropferfonds ("Auszahlung von Härteleistungen für Opfer terroristischer Anschläge") beim Bundesamt für Justiz.

➲ *Kontakt:*
Koordinierungsstelle NOAH
Telefon: 0228-5554-2444 oder 0228-99550-2444 oder
kostenlos 0800-1888433
Telefax: 0228-5554-2459 oder 0228-99550-2459
E-Mail: noah@bbk.bund.de

Bundesamt für Bevölkerungsschutz und Katastrophenhilfe
Abteilung I – Krisenmanagement
Referat I.5 – PSNV (NOAH)
Provinzialstraße 93
53127 Bonn
www.bbk.bund.de

Krankenkassen

Viele Krankenkassen bieten Menschen in psychischen Krisensituationen Hilfe an. Man sollte also einmal auf den Internetseiten der eigenen Krankenkasse nachschauen, was es für Angebote gibt. Angehörige von Vermissten, die mit dieser neuen Situation nicht klarkommen, finden beispielsweise in Gesprächstherapien kluge Unterstützung. So bietet beispielsweise die BKK im Internet unter www.portal-gesundheitonline.de auch Informationen und Unterstützung zur "seelischen Gesundheit" an.

➲ *Kontakt:*
Hotlines und Internetseiten der Krankenkassen

Medien

Wenn Sie eine vermisste Person über die Medien suchen möchten, wenden Sie sich am besten an die Lokal- oder Regionalredaktion von Tageszeitungen, Internetmagazinen, Fernsehen oder Hörfunk. *Siehe auch unter dem Stichwort: Pressemeldung.*

➲ *Kontakt:*

Internetseiten der jeweiligen lokalen Medien bzw. Redaktionen

NAKOS + Selbsthilfe-Gruppen

Die Nationale Kontakt- und Informationsstelle zur Anregung und Unterstützung von Selbsthilfegruppen – NAKOS – informiert über Selbsthilfegruppen und vermittelt an Selbsthilfe interessierte Bürgerinnen und Bürger entsprechende Kontakte. Als Brückeninstitution – so die Selbstdarstellung – vermittelt NAKOS zwischen Öffentlichkeit und Medien, Versorgungseinrichtungen, Verbänden und Politik, örtlichen Selbsthilfekontaktstellen, Selbsthilfegruppen, Selbsthilfeorganisationen und Selbsthilfegruppen-Interessierten.

➲ *Kontakt:*

NAKOS – Nationale Kontakt- und Informationsstelle zur
Anregung und Unterstützung von Selbsthilfegruppen
Postanschrift: Otto-Suhr-Allee 115, 10585 Berlin-Charlottenburg
Telefon: 030-31018980
Telefax: 030-31018970
E-Mail: selbsthilfe@nakos.de
Home: **www.nakos.de**
Servicetelefon: 030-31018960, Di 10.00-14.00 Uhr,
Mi 10.00-14.00 Uhr, Do 14.00-17.00 Uhr, Fr 10.00-14.00 Uhr

Online Jugendberatung Youth-Live-Line.de

Eine super Idee: Jugendliche helfen Jugendlichen. Youth-Life-Line ist – so die Eigendarstellung der Initiative – eine Onlineberatung speziell für Kinder, Jugendliche und junge Erwachsene bis 21 Jahre in akuten Krisen und bei Suizidgefährdung. Auch junge Menschen, die große Probleme haben und deswegen daran denken abzuhauen, sollten sich hier melden. Und Youth-Live-Line steht auch Jugendlichen, die beispielsweise von einem Elternteil verlassen wurden und damit nicht zurecht kommen, zur Verfügung. "Kritische und schwierige Lebensphasen sind etwas Normales im Leben und gehören zu jeder Entwicklung dazu. Das Jugendalter ist eine Zeit, in der Krisen besonders intensiv erlebt werden. Krisen können entstehen, wenn plötzliche und unerwartete Ereignisse oder generell Veränderungen eintreten, für die die bisherigen Handlungsmöglichkeiten nicht (mehr) passen oder funktionieren", schreibt das Helfer-Portal auf seinen Internetseiten. Auslöser für Krisen können zum Beispiel sein: Pubertät, Umzug, Tod oder Krankheit eines nahestehenden Menschen, Trennung vom Partner/der Partnerin, Konflikte oder Veränderungen in der Familie und/oder anderen sozialen Beziehungen, Liebeskummer, Versagensängste, Gewalterfahrungen, Einsamkeit, und vieles mehr.
Nach meinen Erfahrungen sehen viele Jugendlichen nicht nur die Selbsttötung als letzten Weg, sondern vor allem auch die Flucht vor ihrer Familie, den Freunden und Bekannten. Sie glauben, in einer neuen Umgebung mit Menschen, die sie dort kennenlernen, noch einmal neu anfangen zu können. Oft ist das ein Trugschluss, viele nehmen die ungelösten Probleme dahin mit, wo immer sie hingehen.

➲ *Kontakt:*
Home: **www.youth-life-line.de**

Schuldnerberatung

Immer wieder passiert es, dass Familienernährer spurlos verschwinden und den Angehörigen hohe Schulden hinterlassen. In einem solchen Fall empfiehlt es sich, einen Schuldnerberater um Unterstützung zu bitten. Manche karitative Organisationen, aber auch Rechtsanwälte bieten diese Hilfe an. Bei einer hohen Verschuldung besteht die Gefahr, dass der Schuldenberg durch Zinsen, Verzugskosten, Mahngebühren und Vollstreckungsgebühren immer größer wird. Schuldnerberater helfen die Schulden in überschaubarer Zeit abzubauen. Sie prüfen vor allem, ob Sie die Schulden noch aus eigener Kraft bewältigen können, erstellen einen Entschuldungsplan und übernehmen die Verhandlungen mit den Gläubigern.

➲ *Kontakt:*
Telefonverzeichnis, Internet unter dem Stichwort "Schuldnerberatung"

Stadt- und Gemeindeverwaltungen

Die örtlichen Behörden fühlen sich in der Regel nicht für die Probleme der Angehörigen von Vermissten zuständig. Meistens verweisen sie auf eine Zuständigkeit der Polizei. Bei der Düsseldorfer Stadtverwaltung erfährt man im Internet beispielsweise unter dem Stichwort "Vermisste": "Vermisstenfälle: Sie möchten sich über die polizeiliche Bearbeitung von Vermisstenfällen in Deutschland informieren? – Bundeskriminalamt". Da landet man also gleich beim Bundeskriminalamt.
Es gibt meines Wissens keine Stadt- oder Gemeindeverwaltung, die sich zu einer Fürsorge für Angehörige von Vermissten bekennt. Ein ehemaliger Leiter des Gesundheitsamtes und ein Leiter der sozialpsychologischen Beratungsstelle bestätigten mir zwar, dass sie

etwa bei Krisen auf die die Angehörigen zuständig seien. Doch mein Hinweis, die Zuständigkeit auch an die Behördentür zu hängen oder darauf im Internet zu verweisen blieb aus.
Lassen Sie sich aber nicht von Behördenmitarbeitern abwimmeln. Zumindest in Teilbereichen sind die Behörden zuständig: Zum Beispiel bei psychischen Krisen ist es der Sozialpsychologische Dienst, bei Anfragen zum Aufenthaltsstatus einer vermissten Person das Einwohnermeldeamt.

➲ *Kontakt:*
Stadt- und Gemeindeverwaltungen
Bürgerhotline 115

Telefonseelsorge

Schon vor vielen Jahren sagte mir einmal ein Mitarbeiter der Telefonseelsorge, dass man bei Anrufern, die von "Ausstieg" oder "Ich hau ab" gesprochen haben, eher an einen Hilfeschrei gedacht habe, als dass die Person tatsächlich verschwinden würde. Inzwischen weiß man, dass Menschen, die davon sprechen "abzuhauen" es oft ernst meinen – die jährlich 100.000 Vermisstregistrierungen bei der Polizei belegen das.

In Krisensituationen, wenn man einfach nicht mehr weiter weiß und schnell jemanden braucht, mit dem man sprechen kann – dann wählen Sie die kostenlose Nummer der Telefonseelsorge: 0800-1110111 Oder 0800-1110222. Die ehrenamtlichen Mitarbeiter sind rund um die Uhr für Sie erreichbar, auch an Wochenenden und Feiertagen.
Hier können sich auch vermisste Menschen melden, die den Weg zurück zu ihren Angehörigen suchen und Angst haben, sich bei ihnen zu melden. Aber auch Menschen, die sich gelegentlich sagen

"Ich halte es nicht mehr aus. Ich hau ab", sollten die Nummer der Telefonseelsorge wählen. Sprechen Sie über Ihre Sorgen, die sie bedrücken und lassen Sie sich beraten.

Für Angehörige von Vermissten ist diese Einrichtung besonders wichtig. In den stillen, bedrückenden Stunden, in denen man keinen Gesprächspartner hat und die Verzweiflung über das ungewisse Schicksal des verschwundenen Angehörigen besonders groß ist, finden Sie bei der Telefonseelsorge einen Gesprächspartner. Ich habe häufiger von Angehörigen von Vermissten gehört, wie sehr sie darunter leiden, dass ihnen niemand mehr zuhört, wenn sie zum wiederholten Mal über ihre Probleme mit dem Verschwinden etwa eines Langzeitvermissten sprechen möchten. Alle Mitarbeiterinnen und Mitarbeiter der Telefonseelsorge unterliegen der Schweigepflicht. Die ehrenamtlich tätigen Mitarbeiterinnen und Mitarbeiter der Telefonseelsorge werden sorgfältig ausgewählt, mindestens ein Jahr lang ausgebildet und durch regelmäßige Supervision begleitet. Die Telefonseelsorge ist offen für alle Problembereiche und für alle Anrufenden in ihrer jeweiligen Situation.

➲ *Kontakt:*
Telefon: 0800-1110111 oder 0800-1110222
Home: **www.Telefonseelsorge.de**

Verein Familie International

Kindesentziehung, die Entführung eines Kindes durch einen Elternteil etwa ins Ausland, fällt bei der Polizei auch in den Bereich der Vermisst-Arbeit. Im Fall einer Kindesentziehung wenden Sie sich mit Ihren Fragen ruhig auch an familie international frankfurt e.V. (fif). Die Mitarbeiterinnen von fif sind – so die Selbstdarstellung – ein gut aufeinander eingespieltes sozialpädagogisches und

juristisches Team, welche über langjährige Erfahrungen interkultureller, grenzüberschreitender Sozialarbeit verfügen. Der Verein ist für die Bereiche grenzüberschreitende Adoption und Suche die deutsche Korrespondentenstelle des International Social Service (ISS) mit Sitz in Genf, der über ein weltweites Netz von Zweigstellen und Vertretungen verfügt.
Die Arbeitsbereiche: Durchführung von internationalen Adoptionsverfahren; Einholung von Berichten für Fachstellen und Gerichte über das internationale Netzwerk des ISS; Kinderberichte im Vorfeld einer geplanten Stiefkind- oder Verwandtenadoption; Sozialberichte für bei Gericht anhängigen Adoptionsverfahren; Informationen und Berichte in Anerkennungs- und Feststellungsverfahren; Kinderberichte für andere Auslandsvermittlungsstellen; Unterstützung von Menschen, die (z.B. nach einer Adoption) auf der Suche nach den eigenen Wurzeln oder Angehörigen und Mitgliedern der Herkunftsfamilie sind; Menschen, die Unterstützung und Beratung in Partnerschaft oder Familie benötigen.

➲ *Kontakt:*
familie international frankfurt e.V.
Postanschrift: Monisstraße 4, 60320 Frankfurt am Main
Telefon: 069-95636431
Telefax: 069-95636433
E-mail: kontakt@fif-ev.de
Home: **www.fif-ev.de**

Initiative Vermisste Kinder

Die Initiative Vermisste Kinder arbeitet für die betroffenen Eltern und Familien vermisster Kinder. Das Ziel ist – so die Selbstdarstellung – die wirkungsvolle und effektive Unterstützung bei der Suche nach vermissten Kindern. Zusammen mit mehreren Partnerorganisationen setzt sie sich für die Rechte von Kindern und Jugendlichen ein – auch präventiv und über die Grenzen von Deutschland hinaus. Auf seinen Internetseiten gibt die Initiative erste Orientierungshilfe, wie sich Angehörige von vermissten Kindern im Vermisstenfall richtig verhalten können. Sie finden hier neben dem Formular zur Übermittlung einer Vermisstenanzeige auch eine Richtlinie für die notwendigen ersten Maßnahmen, sobald ein Kind vermisst wird. Hier stehen Ihnen auch Informationen, Formulare und Texte – insbesondere für Fälle von Kindesentzug und Kindesentführung ins Ausland – zur Verfügung.

➲ *Kontakt:*
Initiative Vermisste Kinder
Postanschrift: Oehleckerring 22-24, 22419 Hamburg
Telefonnummer: 040-22813977-0
Telefax: 040-22813977-9
E-Mail: info@vermisste-kinder.de
Home: **www.vermisste-kinder.de**

Vermissten-Telefon

Seit mehr als 20 Jahren unterhält der Autor dieses Vermisst-Ratgebers, Peter Jamin, ein Vermissten-Telefon und berät Angehörige von Vermissten kostenlos.

➲ *Kontakt:*
Vermissten-Telefon 0211-38738494
E-Mail: vermisst@jamin.de
Home: **www.vermisst.tv**

Weisser Ring

In rund einem Prozent aller Vermisstfälle, rund 1000 Mal im Jahr, werden Vermisste Opfer von Gewalt – Entführung, Mord, Totschlag. Opfer und auch Angehörige können in solchen Fällen Unterstützung durch den Weissen Ring erhalten. Die Hilfeleistungen reichen von menschlichem Beistand und persönlicher Betreuung über die Begleitung zu Terminen bei Polizei, Staatsanwaltschaft und Gericht, der Gewährung von Rechtsschutz bis hin zu finanziellen Unterstützungen von tatbedingten Notlagen.
Kriminalitätsopfer und Interessierte können telefonisch Informationen zu den Hilfen des Weissen Rings anfordern. Die kostenfreie Rufnummer 116 006 kann aus jedem Ort Deutschlands angewählt werden. Die eingehenden Anrufe werden von geschulten Mitarbeitern entgegengenommen und unverzüglich weitergeleitet. So kann binnen kurzer Zeit der Kontakt zur nächstgelegenen Außenstelle des Vereins oder einem Mitarbeiter der Bundesgeschäftsstelle hergestellt werden.

➲ *Kontakt:*
Weisser Ring e. V.
Bundesgeschäftsstelle: Weberstraße 16, 55130 Mainz
Telefon: 06131-8303-0
Telefax: 06131-8303-45
E-Mail: info@weisser-ring.de
Home: **www.weisser-ring.de**
Bundesweites kostenfreies Opfer-Telefon: 116006

Anhang

Empfehlung an Staat und Gesellschaft

Die Unterstützung für Angehörige von Vermissten ist ungenügend. Die Politik in Bund, Ländern und Kommunen wie auch die Verwaltungen sind gefordert, ihre Situation zu verbessern. Ich empfehle folgende Maßnahmen:

1. Wir benötigen einen qualifizierten nationalen Internet-Auftritt mit Suchmeldungen, Ratschlägen für das Verhalten in einem Vermisstenfall und ein Forum für Angehörige und Experten unter Federführung einer Bundesbehörde. Diese Vermisst-Homepage sollte auch über einen speziellen Bereich für Kontaktaufnahmen durch vermisste Menschen selbst verfügen, etwa für Mitteilungen von "Lebenszeichen".
2. Die Städte und Gemeinden in Deutschland sollten in den Tätigkeitsbeschreibungen ihrer Sozialbehörden die Beratung von Angehörigen von Vermissten aufnehmen. In jeder Sozialbehörde muss es eine Mitarbeiterin oder einen Mitarbeiter als Ansprechpartner für Betroffene geben. Die Kontaktadresse sollte in allen Dienststellen der Polizei, die Vermisst-Registrierungen vornehmen, vorliegen. Kurz gesagt: Die Vermisst-Beratung muss zu einer ganz normalen Dienstleitung der Kommunalverwaltungen werden.

3. In allen Polizeidienststellen sollte eine einfach gestaltete Broschüre für die Angehörigen vorliegen, die diese bei Abgabe einer Vermisstenanzeige grundsätzlich automatisch ausgehändigt wird. Über Tipps für erste Maßnahmen hinaus, sollte die Unterlage die Kontaktadresse eines qualifizierten Mitarbeiters der Stadt- bzw. Gemeinde-Verwaltung enthalten.

Die Arbeit der Vermisst-Berater in den Kommunen sollte u.a. folgende Bereiche umfassen:

- Beratung von Angehörigen von Vermissten in speziellen rechtlichen Fragen wie Abwesenheitspflegschaft, Bankauskunft etc.
- Praktische Lebenshilfe zu Fragen, die bei einer plötzlichen Abwesenheit eines Menschen meist von den Angehörigen geklärt werden müssen: Arbeitsplatz-Situation, Krankenkasse, Versicherungen, Rente, Wohnungsauflösung, Schulden/Kredite, Kontoführung bei der Bank, Pkw-Verkauf etc.
- Umgang mit Behörden wie Polizei (Vermisstmeldung), Einwohnermeldeamt etc.
- Beratung über Möglichkeiten der Selbsthilfe, also der eigenen Suche nach den Vermissten über Medien, Vermisst-Plakaten, Suche vor Ort etc.
- Persönliche Empfehlungen für die Angehörigen zur Bewältigung der Vermisst-Situation
- Vermittlung von Fachleuten wie etwa Psychologen oder Psychotherapeuten bei seelischen Krisen
- Persönliche Begleitung bei schwerwiegenden Fällen, etwa wenn die Angehörigen zu alt sind und eine Abwicklung nicht allein vornehmen können
- Zusammenarbeit und Austausch mit anderen Behörden und Institutionen zum Thema Betreuung und Beratung von Angehörigen vermisster Menschen

- Beratung der Parlamente und Behörden bei Maßnahmen zur Verbesserung der Situation von Angehörigen und der Vermissten (etwa spezieller, niedriger Krankenkassenbeitrag bei Abwesenheit, Fristenregelung für die Weiterzahlung von Renten)
- Inhalt und Herstellung von lokalen oder regionalen Informationsschriften für Angehörige von Vermissten

Über den Autor dieses Ratgebers

Peter Jamin, Jahrgang 1951, arbeitet als Publizist und Schriftsteller und lebt in Düsseldorf. Er ist mehr als 40 Jahre als Journalist tätig; 15 Jahre davon als Redakteur und stellvertretender Redaktionsleiter in Redaktionen der WAZ-Gruppe. Der Autor veröffentlichte neben Artikeln und Kolumnen (in Zeitungen, Magazinen, Illustrierten, Internet) auch Fernsehreihen und -dokumentationen und publizierte mehr als 30 Bücher.

In einer Reihe von Büchern befasste sich der Autor mit Aspekten des Themas "Gewalt". In acht Sachbüchern (u.a. "Hilflos – Gewalt gegen Kinder", Lübbe-Verlag) beschäftigte er sich mit der Situation von Opfern in unserer Gesellschaft. Das Sachbuch "Opfer – das Leben nach dem Überleben" schrieb er mit Unterstützung des "Weissen Rings"; das Buch ist die einzige Bestandsaufnahme der Opfer-Situation in Deutschland.

Jamin ist Autor/Regisseur von TV-Dokumentationen (u.a. "Der Engel von Mogadischu", Fernsehfilm über die Opfer des Terrorismus, WDR u.a.). Er entwickelte und betreute u.a. fünf Jahre lang die TV-Reihe "WDR-Vermisst". Mit seiner TV-Dokumentation "Vermisst – Über Menschen, die verschwinden und jene, die sie suchen" und dem Bericht "Warten auf ein Lebenszeichen – Das Schlimmste ist die Ungewissheit" in der Wochenzeitung "Die Zeit" machte Jamin im April 1992 das Thema "Vermisste Menschen" in Deutschland bekannt und löste eine Welle der Medienberichter-

stattung aus. Erstmals berichteten Deutschlands Medien über die großen Probleme, die mit dem Verschwinden von Menschen für die Angehörigen verbunden sind.
Zum Thema "Vermisste Menschen" schrieb er zwei Sachbücher. Über die jüngste Veröffentlichung "Vermisst – und manchmal Mord" (2007, Verlag Deutsche Polizeiliteratur) schrieb der Berliner Kriminaldirektor Dipl.-Vww. Jörg-Michael Klös im Fachmagazin "Kriminalistik – Unabhängige Zeitschrift für die kriminalistische Wissenschaft und Praxis: "... mit erkennbar herausragendem Fachwissen, dem nötigen Einfühlungsvermögen sowie der erforderlichen Standhaftigkeit zur Untermauerung berechtigter Forderungen in Richtung Gesellschaft, Polizei und besonders Politik, durchaus aber auch aufklärend, Chancen und Grenzen für Betroffene aufzeigend, gelingt mit diesem Werk der Versuch einer möglichst umfassenden Themenbehandlung (...) Eigentlich sollten das Buch alle lesen, die jemals von derartigen Sachverhalten betroffen sein könnten (...) Jeder Polizeibeamte sollte den Inhalt dieses Buches kennen."
Jamins Einschätzungen als Experte sind nicht nur bei der Polizei und Betroffenen, sondern auch in den Medien immer wieder gefragt. Berichte, Interviews und Gespräche finden sich in vielen Zeitungen, Zeitschriften und Internet-Magazinen, Hörfunk- und Fernsehsendungen; u.a. in "Die Zeit", "Focus", "Spiegel-online", "Rheinische Post", "Bild", "WDR Aktuelle Stunde", "ZDF Frontal", "MDR Kripo live", Frank Elstners "Menschen der Woche, "Maischberger", "Volle Kanne", "Böttinger", "ZDF Mona Lisa" oder "Kerner".

Vermissten-Telefon und ergänzende Hinweise

Der Autor Peter Jamin unterhält seit mehr als 20 Jahren ein Vermissten-Telefon zur Beratung von Angehörigen unter der Telefonnummer 0211-38738494.

Ein Leitfaden ist nie vollständig und insbesondere bei einem Buch zum Thema Vermisste, zu dem es so gut wie keine fachlichen Informationen gibt, ist jeder neue Hinweis von einem Leser wichtig. Viele Menschen machen ja ihre ganz persönlichen Erfahrungen, die auch für andere Angehörigen von Vermissten hilfreich sind. Sollten Sie einen zusätzlichen Tipp geben wollen, den ich nicht berücksichtigt habe und bei einer neuen Auflage in das Buch aufnehmen sollte, schicken Sie mir bitte eine Information an:

JAMIN autor
Düsseldorfer Straße 195
40545 Düsseldorf
autor@jamin.de
www.jamin.de

Formular Vermisstenregistrierung

Das Ministerium für Inneres und Europaangelegenheiten und die Polizei des Saarlandes haben ein Formular für die Vermisstenregistrierung entwickelt, das jedem Angehörigen eines Vermissten hilft, die wichtigsten Angaben zur vermissten Person und die Umstände des Verschwindens nachvollziehbar zu notieren. Ursprünglich sollte dieses Datenblatt den Angehörige, Pflegern und Betreuern von Personen zur Verfügungen gestellt werden, die dazu neigen, sich zu verirren. Betroffen sind vor allem Personen mit einer dementiellen Erkrankung. Ich habe die speziellen Angaben zur Krankheit beibehalten, da es viele Fälle vom vermissten Demenzkranken Menschen gibt.
Der Link zum Vermisst-Formular des Ministeriums für Inneres und Europaangelegenheiten und der Polizei des Saarlandes im Internet: **http://www.saarland.de/dokumente/thema_polizei/Datenblatt.pdf**

Ministerium für
Inneres und Sport
SAARLAND

Polizei
SAARLAND

Datenblatt zur Vorbereitung auf einen Vermisstenfall

Sehr geehrte Damen und Herren,

das Ministerium für Inneres und Sport und die Polizei des Saarlandes wenden sich mit diesem Datenblatt an Angehörige, Pfleger und Betreuer von Personen, die zum Weglaufen neigen. Betroffen sind vor allem Personen mit einer dementiellen Erkrankung. Wir möchten Sie auf die folgende Problematik aufmerksam machen und Sie gleichzeitig um Ihre Mithilfe bitten:

Durch zeitweise oder dauerhafte Orientierungslosigkeit finden pflegebedürftige und/oder hilflose Menschen oft nicht mehr zurück, wenn sie ihren unmittelbaren Lebensbereich verlassen haben. Dann sind sie erheblichen Gefahren ausgesetzt - insbesondere durch Kälte, Dunkelheit oder wenn eine regelmäßige Medikamenteneinnahme dringend erforderlich ist. Es gilt keine Zeit zu verlieren, wenn ein pflegebedürftiger und/oder hilfloser Mensch vermisst wird. Wenden Sie sich dann unverzüglich an Ihre Polizeidienststelle (Notruf 110).

Die Polizei und die Hilfsdienste suchen sofort nach der/dem Vermissten. Für eine effektive Suche benötigen sie von Ihnen schnellstmöglich Informationen über den auf Hilfe angewiesenen Menschen. Mit dem ausgefüllten Datenblatt können Sie im akuten Fall die erforderlichen Informationen der Polizei schnell zur Verfügung stellen. Das kann entscheidend zum rechtzeitigen Auffinden der vermissten Person beitragen. Füllen Sie das Datenblatt rechtzeitig und sorgfältig aus. **Auch notwendige Aktualisierungen sollten direkt vorgenommen werden.**

Beachten Sie beim Ausfüllen des Vordrucks die datenschutzrechtlichen Hinweise. Heben Sie das Datenblatt gut auf und stellen Sie den jederzeitigen Zugriff sicher. Bei einem Krankenhausaufenthalt oder Aufenthalt in einer Einrichtung der Alten- und Behindertenhilfe stellen sie das Datenblatt der jeweiligen Station zur Verfügung.

Bringen Sie diese Unterlagen mit zur Polizei, wenn Sie Vermisstenanzeige erstatten. Die Polizei bedankt sich schon jetzt für Ihre Mitarbeit. Mit diesem Beitrag erleichtern Sie die Sucharbeit der Polizei und der Hilfsdienste.

Weitere Informationen zum Thema finden Sie im Internet unter anderem auf den folgenden Webseiten Saarländische Pflegegesellschaft e.V., Menschen pflegen, Deutsche Alzheimer Gesellschaft e.V., Patientenleitlinien, Allgemeiner Demenz-Ratgeber, Alzheimer-Gesellschaft-Saarland.

SAARLAND
Ministerium für Inneres
und Sport
Abteilung D
Mainzer Straße 136
66121 Saarbrücken

Landespolizeipräsidium
Direktion LPP1 (Gefahrenabwehr/Einsatz)
Tel. 0681-962-0
Mainzer Straße 134-136
66121 Saarbrücken

Personalien der vermissten Person

Name	
Geburtsname	
Vorname/-n	
Geburtsdatum und -ort	
Telefonnummer	

Welche Angehörigen[1] / Bezugspersonen[2] können Auskünfte erteilen?

Vorname Name	
Anschrift	
telefonische Erreichbarkeiten	
Verhältnis zur Person	

Vorname Name	
Anschrift	
telefonische Erreichbarkeiten	
Verhältnis zur Person	

Vorname Name	
Anschrift	
telefonische Erreichbarkeiten	
Verhältnis zur Person	

Vorname Name	
Anschrift	
telefonische Erreichbarkeiten	
Verhältnis zur Person	

[1]; [2] Soweit es sich hier um Daten Dritter handelt, dürfen diese aus datenschutzrechtlicher Sicht grundsätzlich nur mit deren Einverständnis preisgegeben werden.

Wie sieht die vermisste Person aus?

Foto der vermissten Person

Halten Sie bitte für die Fahndung ein möglichst aktuelles Lichtbild der vermissten Person bereit. Sie können aber auch einen Personalausweis, einen Reisepass oder ein anderes Dokument mit einem Lichtbild mit zur Polizei bringen. Wichtig ist dabei immer, dass das Bild die Person möglich authentisch darstellt. Sollten nur ältere Lichtbilder existieren, können notfalls auch diese genutzt werden.

Personenbeschreibung / Bekleidung

Größe		**Gewicht**	
Gestalt	☐ hager ☐ schlank ☐ athletisch ☐ kräftig ☐ korpulent		
Haarfarbe		**Haarlänge**	
Augenfarbe		**Brille**	
Sprache		**Mundart**	
Hörhilfe		**Schuhgröße**	
Muttermale / Narben			
Tätowierungen / Piercings			
Besonderheiten			
Bekleidung zum Zeitpunkt des Verschwindens			
Kleideretiketten (Aufschrift)			

ggf. mitgeführte Gegenstände (z.B. Handy mit Rufnummer und Netzbetreiber, Notfallortungsgerät)	
Fortbewegungsmittel (z.B. Fahrrad, Auto, Bus- oder Bahnfahrkarte)	

Welche möglichen Aufenthaltsorte / Gewohnheiten der vermissten Person sind bekannt?

Aktuelle Wohnanschrift	
Vorherige Wohnanschriften	
Ehemalige Arbeitsstelle/n / sonstige Anlaufstellen	
Person war bereits vermisst am: **und wurde an folgender Örtlichkeit aufgefunden:**	

Gewohnheiten und weitere wichtige Angaben

Normaler Tagesablauf / individuelle Rituale	
Freizeitbeschäftigung (Sport, Reisen, Gewohnheiten, Vorlieben, Abneigungen u.a.)	
Soziale Kontakte / wichtige Personen (Verwandte, Freunde, Kirche, Vereine u.a.)	
Ehe- / Lebenspartner (Vorname Name, Ehe / Partnerschaft geschlossen, Dauer, ggf. Tod der Partnerin / des Partners, Beruf u.a.)	

Frühere berufliche Tätigkeit/en	
Prägende Ereignisse (Verlust Partner/-in oder anderer Bezugsperson, Umzug, Kriegserlebnisse u.a.)	
Spezielle Interessen (Hobby, Sport, Musik, Museen u.a.)	

Wer kann Auskünfte zur Krankengeschichte erteilen? Welche Informationen zu Krankheiten sind bekannt?

Hausarzt (Name, Tel. Erreichbarkeit)	
Zahnarzt (Name, Tel. Erreichbarkeit)	
Weiterer Arzt / Ärzte (Name/n, Tel. Erreichbarkeiten)	
Mobilität	☐ Eingeschränkt, weil: ☐ Gehhilfe, welche:
Medikation	☐ Regelmäßige Einnahme von Medikamenten notwendig Mittel: Folgen der Nichteinnahme:
Kommunikationsfähigkeit	☐ Eingeschränkt, weil:
Besondere Symptome / Ausprägung des Krankheitsbildes	
Sonstige Hinweise	

Die vorstehenden Daten wurden zusammengestellt durch:

Vorname Name	
Anschrift (PLZ Ort, Straße)	
Telefonische Erreichbarkeiten ggf. E-Mail-Adresse	
Verhältnis zur vermissten Person	☐ Angehörige/r ☐ Bestellte/r Betreuer/in ☐ ☐

Einwilligung in die Datenweitergabe

Die Angaben auf diesem Datenblatt und die Weitergabe der personenbezogenen Daten an die Polizei erfolgen auf freiwilliger Basis.

Mir ist bekannt, dass es sich bei den Angaben um besondere Arten personenbezogener Daten im Sinne des § 4 Absatz 2 des Saarländischen Datenschutzgesetzes bzw. § 3 Absatz 9 des Bundesdatenschutzgesetzes handeln kann.[3]

☐ Ich bin einwilligungsfähig und willige darin ein, dass dieses Datenblatt an die Polizei weitergegeben wird, falls ich vermisst werde. Gleichzeitig entbinde ich für den Fall, dass ich vermisst werde, die mich behandelnden Ärzte von ihrer gesetzlichen Schweigepflicht.

☐ Ich willige als Betreuer/-in der/des Betroffenen ein, dass dieses Datenblatt an die Polizei weitergegeben wird, falls der/die Betroffene vermisst wird. Gleichzeitig entbinde ich für den Fall, dass der/die Betroffene vermisst wird, die behandelnden Ärzte des/der Betroffenen von ihrer gesetzlichen Schweigepflicht.

Ort, Datum	Unterschrift

Hinweis

Als bestellte/-r Betreuer/-in bringen Sie bitte außerdem Ihre Bestellungsurkunde mit.

---

3 **§ 4 Absatz 2 SDSG (Auszug):**

(2) Die Verarbeitung personenbezogener Daten über die rassische oder ethnische Herkunft, politische Meinungen, religiöse oder weltanschauliche Überzeugungen, Gewerkschaftszugehörigkeit, Gesundheit oder Sexualleben ist nur auf Grund einer besonderen Rechtsvorschrift zulässig. (...)

§ 3 Absatz 9 BDSG (Auszug)

(9) Besondere Arten personenbezogener Daten sind Angaben über die rassische und ethnische Herkunft, politische Meinungen, religiöse oder philosophische Überzeugungen, Gewerkschaftszugehörigkeit, Gesundheit oder Sexualleben.

Einwilligungserklärung für Angehörige und Bezugspersonen

Ich,

Vorname:
Name:
Anschrift:
Telefon:

willige ein, dass die vorgenannten Daten sowie Angaben über mein Verhältnis zu

Frau / Herrn

....

(Name der pflegebedürftigen und/oder hilflosen Person)

in das „Datenblatt zur Vorbereitung auf einen Vermisstenfall" aufgenommen, bei den persönlichen Unterlagen der pflegebedürftigen und/oder hilflosen Person aufbewahrt und im konkreten Vermisstenfall an die Polizei weitergegeben werden.

Es ist mir bekannt, dass meine Einwilligungserklärung jederzeit mit Wirkung für die Zukunft widerrufbar ist. Sollte ich diese widerrufen, sind meine Angaben im Datenblatt unverzüglich zu löschen oder durch Schwärzen unleserlich zu machen.

Ort, Datum	Unterschrift

Dank

Ich danke Lydia Gruber, Tamar Mandaria, Jürgen Schneider und Jürgen Spreemann für Korrekturen und Änderungsvorschläge im Rahmen des Lektorats sowie Albin Kremnitzmüller und dem Team von Magenta-Verlag für Unterstützung und Engagement.
Dank auch an jene Behörden, Unternehmen, Institutionen, Organisationen und Initiativen, auf deren Darstellungen zu Tätigkeiten, Gesetzeslagen u.a. ich zurückgegriffen habe. Insbesondere möchte ich da das Bundeskriminalamt, das Auswärtige Amt, das Saarländische Innenministerium und die Polizei im Saarland sowie die Initiative **www.vermisste-kinder.de** nennen.

Essay: Die vermisste Gesellschaft

Vermisste Menschen haben keinen Wert für die Gesellschaft. Sie wählen nicht. Sie zahlen keine Steuern. Sie existieren schlicht nicht mehr.

Selbst die große Zahl der Betroffenen von jährlich weit mehr als 100.000 bei der Polizei als vermisst Registrierte beeindruckt niemanden. Wenn es um ihre Probleme geht, sind die Zahlen nichts wert. Nur das einzelne Schicksal erregt Aufmerksamkeit und berührt die Menschen. Aber Emotionen für ein Schicksal werden schnell von Gefühlen für ein anderes Ereignis abgelöst.

Die jährlich mehr als 500.000 Angehörigen von Vermissten erleiden ebenfalls einen Ansehens- und Wertverlust. Ihre Probleme werden ignoriert oder verharmlost und ihre Suche nach den Vermissten wird nicht ernst genommen. Das Vermisst-Plakat, das einzige Medium, dessen sich die Angehörigen ohne Einschränkung bei der Vermisstensuche bedienen können, wird sogar verhöhnt: Hunde- und Katzenbesitzer, die ihre vierbeinigen Lieblinge suchen, betiteln ihre Flugzettel ebenfalls seit langem mit "Vermisst!".

Und dem früheren Bundesinnenminister Hans-Peter Friedrich war es nicht zu primitiv in einer Werbekampagne "Vermisst!"-Plakate zu imitieren, um Angehörige von jungen Muslimen auf die Gefahren eines radikalen Islamismus und die damit verbundene Ausstiegsbereitschaft junger Migranten aufmerksam zu machen.

Keine gewagte These: Niemand hilft

Wenn ein Mensch verschwindet, werden seine Angehörigen nicht nur von den Weggegangenen allein gelassen. Staat und Gesellschaft missachten ihre Bedürfnisse, Verwandte, Freunde, Bekannte und Arbeitskollegen wissen nicht, wie sie helfen sollen.
Dabei sind die Angehörigen von Vermissten selbst Opfer – oft noch viel mehr als die verschwundenen Menschen. Schmerz, Verzweiflung und Hilflosigkeit der Daheimgebliebenen sind groß, und dabei spielt es keine Rolle, ob ein Mensch für einige Wochen oder Monate oder für Jahre oder gar für immer fortbleibt – die Pein beginnt in den ersten Stunden nach dem Vermisstsein. Jede Minute, jede Stunde, jeder Tag des Hoffens auf die Rückkehr eines geliebten Menschen ist für die Angehörigen eine Qual. Die Ungewissheit, ob die vermisste Person lebt oder tot ist, macht den Menschen schier verrückt. Und zu der seelischen Krise kommt noch ein organisatorisches Chaos, das mit dem Weggang eines Menschen fast immer einhergeht.
Die Angehörigen vermissen nicht nur eine Person, sondern eine ganze Gesellschaft, die ihre Hilferufe hört und entsprechend handelt. Doch davon ist Deutschland weit entfernt. Die vermisste Gesellschaft, die jedes Jahr mehr als 500.000 Angehörige und darüber hinaus deren Freunde, Bekannte und Arbeitskollegen ignoriert, hat sich in Jahrzehnten in Schweigen und Untätigkeit eingerichtet, statt den Betroffenen Aussprache und Unterstützung anzubieten. Die Angehörigen sehen sich ausgegrenzt. Ihnen fehlt eine auf Erfahrungen mit Vermisstfällen erprobte Gesprächsbe-

gleitung für die Bewältigung vielfältiger Probleme im Alltagsleben sowie eine wissenschaftlich fundierte psychologische bzw. psychotherapeutische Betreuung.
Dabei wäre Hilfe recht einfach: Wenn Angehörige eine Vermisstmeldung bei der Polizei aufgeben, müssten Sie ein spezielles Infoblatt mit einem Hinweis auf die Beratung und Unterstützung in der Sozialbehörde der Stadt- oder Gemeindeverwaltung erhalten – doch an keiner Tür einer Kommunalverwaltung hängt ein Schild "Angehörige von Vermissten willkommen". Im Gegenteil: Rat suchende Angehörige werden meist schon von der Telefonzentrale abgewimmelt und an die Polizei verwiesen.
Ein nationales, staatlich betriebenes Internetportal könnte mit Suchmeldungen, Ratgeber-Tipps und Betroffenen-Foren das kommunale Hilfsangebot flankieren – doch all das gibt es nicht. Vielmehr überlässt unsere Gesellschaft dieses "Geschäft" einer Reihe von dubiosen Helfern im Internet, bei denen es sich nicht selten um Spendensammler oder Detektive handelt. Und die recht simple "öffentliche" Suche nach Vermissten durch die Polizei findet versteckt auf Internetseiten des Bundeskriminalamtes und der 16 Landeskriminalämter statt. Gelegentlich findet auch eine Vermisstmeldung über die Pressestelle der örtlichen Polizei den Weg in die Regionalpresse.
Und so leiden die Ehemänner, Ehefrauen, Lebenspartnerinnen und -partner, Söhne und Töchter, Mütter und Väter, Großväter und -mütter, Schwiegermütter und Schwiegerväter in aller Stille unter der Ungewissheit, was mit der Vermissten oder dem Vermissten geschehen sein könnte und unter psychischen und organisatorischen Katastrophen, die mit dem Verschwinden einhergehen. Meist gibt es nicht einmal einen Abschiedsbrief, so dass man komplett im Unklaren darüber ist, warum der geliebte Mensch fortgegangen ist.

Ein soziales Entwicklungsland

Die Politik in Bund und Ländern, in Städten und Gemeinden verweigert sich den Problemen der Angehörigen von Vermissten. Sie lassen sie allein mit dem Gefühl, in einem sozialen Entwicklungsland zu leben. Für Sozialpolitiker ist die Unterstützung der Angehörigen kein Thema, weil man sich nicht mit noch einer weiteren Aufgabe befassen will. Das kostet Geld und Arbeitszeit, und so schweigt man im Bundestag ebenso wie in den 16 Länder- und Tausenden von Kommunalparlamenten.

Warum sollte man sich auch bewegen, wenn es keinen öffentlichen Druck und keine Lobbyisten gibt?!

Politiker und Verwaltungsbeamte verweisen in seltener Geschlossenheit daraufhin, dass die Polizei allein für alle – auch die sozialen – Fragen zuständig sei. Doch die Polizei ist mangels Personal und aufgrund fehlender Qualifikation nicht in der Lage, sich um die Belange der Angehörigen zu kümmern. Man bemüht sich, stößt aber angesichts der großen Zahl Betroffener schnell an Grenzen. Die Polizei selbst macht aus dem Vermisst-Thema keine große Sache. Eigentlich ist ihr diese Arbeit auch fremd. Die Unterstützung der Angehörigen nach Vermissten durch die Polizei hat nur am Rande mit Kriminalitätsbekämpfung zu tun und auch kaum mit dem Opferschutz im Zusammenhang mit Gewalttaten, den die Polizei seit Jahren intensiviert hat. Nur bei Gewaltverbrechen, denen jährlich etwa ein Prozent aller Verschwundenen zum Opfer fallen, sowie bei der Aufklärung nicht identifizierbarer Leichen ohne Namen sind Kriminalbeamte gefragt. Und Aufgabe der Polizei ist es selbstverständlich auch nach verschwundenen Kindern oder an Demenz Erkrankten zu suchen. Sozialarbeit fällt nicht in ihren Zuständigkeitsbereich.

Bei den kommunalen Behörden herrscht Verunsicherung, weil sie sich mit einer Betreuung von Angehörigen von Vermissten auf unbekanntes Terrain begeben würden. Natürlich ist auch eine

Ignoranz gegenüber Neuerungen weit verbreitet. Sich auf ein neues Gebiet zu wagen, erfordert schließlich besonderes Engagement, für das man weder Zeit noch finanzielle Mittel hat.
Vor allem gibt es für sie Gott sei Dank keinen gesetzlich vorgeschriebenen Handlungsbedarf, weil diese Aufgabe aus unerfindlichen Gründen der Polizei zugeordnet ist. Die Stadtverwaltung Düsseldorf beispielsweise verweist auf ihren Internetseiten unter den Stichworten "Vermisste" und "Überregionale Hilfe" sogar gleich mit Link an das Bundeskriminalamt in Wiesbaden – von Hilfe vor Ort ist erst gar nicht die Rede.
Vermisst-Beratung kostet außerdem Geld, vor allem für das Personal, das die Unterstützung leisten muss. Für jeden Fall ist ein Zeitfenster von mindestens zwei bis drei Stunden für eine professionelle Beratung zu veranschlagen. Sich auf Hilfsmaßnahmen für die Angehörigen von Vermissten einzulassen, ist für den Staat wie für eventuell interessierte karitative Organisationen also recht teuer. Als im Jahre 2004 ein Tsunami in Südostasien rund 3.000 deutsche Urlauber zu Vermissten machte, reagierten die Behörden in Bund, Ländern und Kommunen mit vielen Aktivitäten – und erkannten dabei, wie teuer gute Unterstützung für die Angehörigen von Vermissten wirklich ist.
Die Wissenschaften – vorrangig die Psychologie – lassen die Angehörigen ebenfalls allein. Sie können nur einen leeren Bücherschrank vorweisen. Ohne Grundlagenforschung doktern Therapeuten an den Problemen der Angehörigen herum. Nicht selten lautet ihr Ratschlag: Denken Sie einfach, die vermisste Person wäre tot und schließen sie mit deren Existenz ab. Aber die Angehörigen von Vermissten spielen da nicht mit.
Die Wissenschaft hat keine Antwort auf die vorrangigste Frage, wie Angehörige mit der Ungewissheit leben sollen, also damit, nicht zu wissen, was den Vermissten wohl passiert sein könnte. Die Betroffenen bleiben mit einer verschreckenden Bilderwelt aus Mord,

Selbsttötung, Totschlag, Unfall oder Entführung und einer schmerzhaften Gefühlswelt aus Ohnmacht, Verzweiflung, Ausweg- und Hoffnungslosigkeit allein.
Fazit: Das Vermisstsein wird – bis auf Einzelfälle – verwaltet und in Statistiken abgearbeitet. Das wars.

Medien präsentieren nur Emotionen

Es sind allerdings nicht nur Politik, Verwaltung und Wissenschaft, die untätig sind. Auch die Medien machen hier nicht den besten Job. Während ein Großaufgebot von Rechercheuren etwa für eine Berichterstattung über die Missgriffe des ehemaligen Bundespräsidenten Christian Wulff jeden Stein umdrehte, belassen es die Journalisten bei ihrer Vermisst-Berichterstattung weitgehend bei der Darstellung von Einzelschicksalen. Viel zu selten befasst man sich mit den Nachlässigkeiten unserer Gesellschaft. Selten hinterfragen JournalistInnen, warum man allein der Polizei die Sozialarbeit überlässt, warum in den Stadt- und Gemeindeverwaltungen keinerlei Hilfe angeboten wird und die großen karitativen Organisationen im Land sich auch nicht diesen Aufgaben widmen. Selbst für die Kirchen, sonst schnell mit guten Worten am Werk, ist das kein Thema.
Im Mittelpunkt der meisten Artikel, Internetberichte, Fernseh- oder Hörfunkbeiträge stehen immer die Schicksale eines Vermissten und seiner Angehörigen und die damit verbundenen Emotionen. Mancher Bericht beutet die Gefühle der Betroffenen regelrecht aus: Man sieht Menschen, die verlassen wurden, die verzweifelt sind – nicht mehr.
In der Regel werden Vermisst-Schicksale als persönliche Einzelerfahrungen dargestellt und bewertet. Kaum jemand stellt gesellschaftliche Zusammenhänge her und verweist etwa darauf, dass die Gründe für das Verschwinden von Menschen in den großen Pro-

blemen unserer Gesellschaft zu finden sind – extreme Erfahrungen in Privatleben und Berufswelt oder heimtückische Krankheiten. Kaum ein Journalist fragt bei staatlichen Institutionen an – wie etwa bei Sozialdezernenten oder Sozialpolitiker –, warum den Angehörigen von Vermissten keine Hilfsangebote gemacht werden. Das hat nichts mit Faulheit und Desinteresse der Reporter zu tun, sondern vielfach mit einem Trugschluss: Von jemandem verlassen zu werden ist im allgemeinen Bewusstsein eine Privatangelegenheit und für diese ist der Staat nicht zuständig.

Spiegelbild gesellschaftlichen Versagens

Unsere Gesellschaft hat Angst, sich ernsthaft mit den Anliegen der Vermissten und vor allem ihrer Angehörigen auseinanderzusetzen. Für sie ist in dieser Gesellschaft kein Platz. Die Verschwundenen sind weg – die Daheimgebliebenen müssen mit dem Mangel leben. Warum?

Das Verschwinden von Menschen erinnert die Gesellschaft eben an ihre großen Probleme und Verwerfungen. Die Schicksale der Vermissten und ihrer Angehörigen sind der sozialen Gemeinschaft die Spiegel ihres Versagens – vor allem, wenn man sich mit den Gründen für das Verschwinden befasst. Dahinter stehen alle Probleme der Bürger, die man sich in unserer Gesellschaft vorstellen kann. Die Probleme sind so groß, dass die Menschen den äußersten Weg beschreiten: sich in Luft auflösen. Es gibt nur noch eine Stufe, die schwerwiegender ist, weil sie den Betroffenen größte Schmerzen bereitet: die Selbsttötung.

Nur in einem Prozent aller Vermisstenfälle, rund 1.000 im Jahr, sind Gewaltdelikte die Ursache: Mord, Totschlag, Entführung. Bei allen anderen Fälle finden sich die großen Probleme unserer Zeit: zum Beispiel Gewalt in der Familie, Vereinsamung, Schulden, Mobbing, Misshandlungen und Missbrauch, Prüfungsangst, Versagen in

Schule, Beruf und Studium, Liebeskummer und soziale Enttäuschungen, Arbeitslosigkeit, Scheidung, Alkoholismus und Drogensucht und nicht zuletzt auch Krankheiten (z.B. Demenz) und psychische Krisen. Abenteurer und Aussteiger sind die wenigsten.
Weil sie ihre Probleme nicht mehr beherrscht, verschwindet jedes Jahr die Bevölkerung einer Großstadt wie Ulm – die meisten nur für Tage und Wochen, zuviele für Monate und Jahre oder für immer. Angesichts der oft massiven Schwierigkeiten im Alltagsleben, der Millionen "Opfer" in unserer Gesellschaft, ist es ein Wunder, dass es nicht noch mehr sind.

Vier Schicksale – vier Anklagen

Niemand gibt Rat. Niemand hilft. Die Schicksale von vier Frauen machen deutlich, welch außergewöhnliche Erfahrungen Angehörige von Vermissten machen. Damit kann doch kein Mensch quasi von einer Stunde zur anderen allein fertig werden!

Fall 1: Die Lebensgefährtin eines Beamten steht mit dem Kind des Partners von einem Tag auf den anderen allein da, als der Mann wochenlang spurlos verschwindet und schließlich tot aufgefunden wird. Sie hat kein Sorgerecht für das Kind, sie weiß nicht, wie sie die Raten für das gemeinsam gekaufte Haus bezahlen soll. Sie hat kein Verfügungsrecht über das Konto des Partners. Keine Institution hilft mit Rat – etwa der Beantragung einer Abwesenheitspflegschaft.

Fall 2: Die Ehefrau eines an Demenz erkrankten Rentners ist über Monate ohne Unterstützung, nachdem der Mann von einem Spaziergang nicht heimkehrt. Sie ist sich sicher, dass sich der geliebte Gatte verlaufen und bei winterlichen Temperaturen in einer einsamen Gegend irgendwo in der Stadt gestorben ist. Niemand unterhält sich mit ihr über ihre Verzweiflung. Kein Institution empfiehlt ihr zum Beispiel eine Gesprächstherapie.

Fall 3: Wochenlang sucht eine Mutter ihren erwachsenen Sohn. In dessen Wohnung läuft der Briefkasten über. Es gibt kein Lebenszeichen und eigentlich auch keinen Grund für das Verschwinden. Der Vermisste liegt wochenlang in einer Klinik, wo er schwerverletzt nach einem Unfall in einem U-Bahnhof behandelt wird. Niemand kümmert sich darum, die Angehörigen zu finden.

Fall 4: Der psychisch kranke, erwachsene Sohn einer betagten Rentnerin wirft der Mutter eines Tages die Schlüssel seiner Wohnung in den Briefkasten und verschwindet. Die betagte Frau versucht zunächst mit ihren wenigen Ersparnissen die Wohnungsmiete des Sohnes, Rechnungen für Strom und Heizung und andere Verpflichtungen zu bezahlen. Doch die Situation übersteigt ihre Kräfte. Wohnungs-, Arbeitsplatz- und Krankenkassen-Kündigung – keine Institution hilft ihr bei der Regelung der Hinterlassenschaft des Sohnes und vor allem auch bei der Suche nach ihm. Niemand empfahl ihr, in den psychiatrischen Kliniken der Umgebung zu suchen, wo der Kranke schließlich auch gefunden wurde.

In allen vier Fällen wäre Unterstützung einfach gewesen, wenn man den Frauen bei der Vermisstmeldung auf der Polizeiwache ein Informationsblatt mit einer entsprechenden Anlaufstelle in der kommunalen Sozialbehörde gegeben und dort ein Vermisstberater sein Wissen angewandt hätte.

Von Scham und von Schweigen

Die Angehörigen von Vermissten formulieren keine Forderungen, stellen keine Ansprüche an den Staat, sondern lassen sich wie

No-Names im Niemandsland ausgrenzen. Man fragt sich, warum niemand von ihnen an die Öffentlichkeit geht und Forderungen stellt – und warum niemand gegen die Ignoranz unserer Gesellschaft protestiert?!

Zum einen sind die Betroffenen nach dem Verschwinden eines Menschen so sehr mit der seelischen Bewältigung des Verlassenwerdens und der Organisation des radikal veränderten Alltags befasst, dass ihnen keine Kraft für gesellschaftliches Engagement bleibt. Sie müssen nicht nur ihr eigenes Leben in den Griff bekommen, sie müssen häufig auch noch die Scherben beiseite räumen, die die Vermissten hinterlassen haben: Kreditgeber und Banken fordern Geld, Arbeitgeber, Krankenkassen und Versicherungen erwarten Auskunft und Entscheidungen, Wohnungseigentümer bestehen auf die Räumung einer Wohnung, Freunde und Bekannte wollen umfassend informiert werden etc.

Dabei ist den Angehörigen nicht nach Reden und Handeln zumute. Sie schämen sich wegen ihres Schicksals. Sie haben das Gefühl, versagt zu haben, wenn ein Kind, ein Ehemann, eine Ehefrau oder Freundin verschwindet. Man hat die Probleme in der Familie oder Partnerschaft nicht gelöst. Jemand ist geflüchtet, die Zurückgebliebenen sind daran schuld. Die Angehörigen von Vermissten haben das Gefühl, alleine für diese Situation zuständig zu sein und vor allen Dingen auch daran zumindest eine Mitschuld zu haben.

Und damit sind wir beim Thema Schuld und Schuldgefühle. Häufig höre ich, dass sich Angehörige immer wieder fragen, wo und wann sie versagt haben. Was sie getan haben, damit sie verlassen wurden. Bei welchem Ereignis, in welcher Situation hätten sie anders reagieren sollen, um das Verlassenwerden zu verhindern? Sicherlich haben in etlichen Fällen Angehörige zumindest eine Mitschuld an der Situation. Schwerwiegende Streitigkeiten, falsches Verhalten von Beteiligten können natürlich dazu beitragen, dass jemand geht. Manchmal ist die Schuld auch besonders groß.

Doch meistens schämt man sich, ohne zu wissen wofür. Und weil die Scham so groß ist, ruft man auch nicht nach Hilfe. Weder Freunde noch Bekannte, weder Kirche noch Staat werden in die Pflicht genommen, und man gründet auch keine Initiative und veranstaltet keine Demonstration, um Hilfe von Staat und Gesellschaft einzufordern. Man versucht irgendwie klarzukommen, sich selbst zu helfen.
Die Angehörigen von Vermissten leiden still. Und sie sind so intensiv auf ihr eigenes Schicksal und der Bewältigung der damit verbundenen Probleme fixiert, dass sie auch nicht den Blick frei haben für die Probleme ähnlich Betroffener. Auch dann nicht, wenn die vermisste Person, wie in den meisten Fällen, nach Wochen oder Monaten heimkehrt. Denn dann beginnen ja erst die Probleme in voller Härte: Man muss die Ursache aufarbeiten, die zum Verschwinden des geliebten Menschen führte. Man muss das Leid und das Chaos bewältigen, das bei den Angehörigen durch das Verschwinden ausgelöst wurde. Und man muss einen gemeinsamen Weg finden, um wieder miteinander leben zu können.
Wer sich diesen Anforderungen stellt, hat irgendwann die Chance, wieder eine akzeptable Beziehung in Familie oder Partnerschaft zu führen. Doch wer, wie viele Betroffene, nicht wirklich über die Vermisst-Situation spricht und das Thema meidet, wird bei dem Gedanken an das Vermisst-Sein von Menschen immer in einen eigenen, dunklen Abgrund schauen. Und darüber schweigt man.

"Vermisst – und manchmal Mord"
(2007, Verlag Deutsche Polizeiliteratur)